ACCESO GRATIS *a la Lectura en la Nube*

Para visualizar el libro electrónico en la nube de lectura envíe junto a su nombre y apellidos una fotografía del código de barras situado en la contraportada del libro y otra del ticket de compra a la dirección:

ebooktirant@tirant.com

En un máximo de 72 horas laborables le enviaremos el código de acceso con sus instrucciones.

La visualización del libro en **NUBE DE LECTURA** excluye los usos bibliotecarios y públicos que puedan poner el archivo electrónico a disposición de una comunidad de lectores. Se permite tan solo un uso individual y privado.

EL EFECTO DESALIENTO

Análisis desde una perspectiva jurídico-penal

Procedimiento de selección de originales, ver página web:
www.tirant.net/index.php/editorial/procedimiento-de-seleccion-de-originales

EL EFECTO DESALIENTO

Análisis desde una perspectiva jurídico-penal

DAVID COLOMER BEA
Profesor permanente laboral de Derecho Penal
Universitat de València

tirant lo blanch
Valencia, 2024

En caso de erratas y actualizaciones, la Editorial Tirant lo Blanch publicará la pertinente corrección en la página web www.tirant.com.

Esta monografía se enmarca en el Proyecto I+D+i «Estudio crítico del uso de sanciones alternativas penales: una mirada a la salud mental y al género» (ref.: PID2021-126236OB-I00; AEI/FEDER, UE).

Director de la Colección:

JOSÉ LUIS GONZÁLEZ CUSSAC

Catedrático de Derecho Penal

Universitat de València

EDITA: TIRANT LO BLANCH
C/ Artes Gráficas, 14 - 46010 - Valencia
TELFS.: 96/361 00 48 - 50
FAX: 96/369 41 51
Email: tlb@tirant.com
www.tirant.com
Librería virtual: www.tirant.es
DEPÓSITO LEGAL: V-184-2024
ISBN: 978-84-1197-986-3
MAQUETA: Tink Factoría de Color

Si tiene alguna queja o sugerencia, envíenos un mail a: *atencioncliente@tirant.com*. En caso de no ser atendida su sugerencia, por favor, lea en *www.tirant.net/index.php/empresa/politicas-de-empresa* nuestro procedimiento de quejas.

Responsabilidad Social Corporativa: http://www.tirant.net/Docs/RSCTirant.pdf

Índice

IV. LA DELIMITACIÓN DEL EFECTO DESALIENTO Y SU TRATAMIENTO JURÍDICO-PENAL

Abreviaturas y siglas

art.	artículo
ATC	Auto del Tribunal Constitucional
ATS	Auto del Tribunal Supremo
c.	contra
CE	Constitución Española
CEDH	Convenio Europeo de Derechos Humanos
coord., coords.	coordinador/es
CP	Código Penal
Dir., Dirs.	director/es
ed., eds.	edición; editor/es
fasc.	fascículo
FJ, FF. JJ.	Fundamento/s jurídico/s
ibid.	*ibidem*
LOPSC	Ley Orgánica 4/2015, de 30 de marzo, de protección de la seguridad ciudadana
n.º	número
NAACP	Asociación Nacional para el Progreso de las Personas de Color
ob. cit.	obra citada
p., pp.	página/s
Rec.	recurso; procedimiento
ss.	siguientes
SAN	Sentencia de la Audiencia Nacional
SJP	Sentencia del Juzgado de lo Penal
STC, SSTC	Sentencia/s del Tribunal Constitucional
STEDH	Sentencia del Tribunal Europeo de Derechos Humanos
STS	Sentencia del Tribunal Supremo

TEDH	Tribunal Europeo de Derechos Humanos
v.	*versus*
vid.	*vide*
vol.	volumen

I. El origen de la doctrina del efecto desaliento: la jurisprudencia del Tribunal Supremo de Estados Unidos

1. INTRODUCCIÓN

La doctrina del efecto desaliento tiene su origen en la jurisprudencia norteamericana de la década de los sesenta del siglo pasado. La primera vez que el Tribunal Supremo de Estados Unidos utilizó el término «efecto desaliento» (*chilling effect*) fue en la sentencia del caso *Gibson v. Florida Legislative Investigation Committee*[1], en la que se declaró que los derechos a la libertad de expresión y de asociación del demandante, presidente de la sucursal de Miami de la Asociación Nacional para el Progreso de las Personas de Color (NAACP), fueron vulnerados al ser condenado por desacato a la pena de seis meses de prisión y multa por negarse a presentar las listas de miembros de dicha organización requeridas por una comisión legislativa del Estado de Florida encargada de investigar actividades comunistas y subversivas. En un pasaje de la sentencia se señala:

> «El interés asociativo en mantener la privacidad de las listas de miembros de los grupos que participan en el libre intercambio de ideas y creencias [...] es aún más esencial en este caso, en el que la privacidad impugnada es la de personas que adoptan creencias que son impopulares entre sus vecinos y el efecto "desaliento" sobre el libre ejercicio de los derechos constitucionalmente consagrados a la libertad de expresión y

[1] 372 U.S. 539 (1963).

> de asociación es, en consecuencia, más inmediato y sustancial»[2].

La expresión «efecto desaliento» volvió a aparecer en la sentencia del caso *Freedman v. Maryland*[3], que sostuvo que la Ley de censura de películas del Estado de Maryland no proporcionaba garantías adecuadas para el ejercicio de la libertad de expresión, en la medida en que la decisión de autorizar o prohibir la exhibición de una película dependía de un órgano administrativo, sin que se previese una pronta revisión judicial de la eventual prohibición. La sentencia finaliza con la siguiente frase:

> «No pretendemos establecer plazos o procedimientos rígidos, sino sugerir consideraciones a la hora de redactar la legislación para que se ajuste a las prácticas usuales de exhibición y, de este modo, evitar el potencial efecto desaliento de la ley de Maryland sobre la expresión protegida»[4].

La siguiente ocasión en la que el Tribunal Supremo aludió al efecto desaliento fue en el caso *Dombrowski v. Pfister*[5], en el que se declaró inconstitucional la disposición de la Ley de Control del Comunismo y de las Actividades Subversivas de Luisiana que definía las organizaciones subversivas utilizando un lenguaje indebidamente vago, incierto y amplio. El Tribunal Supremo consideró que la citada norma era «excesivamente amplia» al crear «una "zona de peligro" dentro de la cual se puede inhibir la expresión protegida»[6]. De este modo, «mientras la norma sig[uiera] a disposición del Estado, la amenaza de persecución de la expresión protegida e[ra] real y sustancial» y «ni siquiera la expectativa

---

2 *Ibid.*, pp. 555-557.
3 380 U.S. 51 (1965).
4 *Ibid.*, p. 61.
5 380 U.S. 479 (1965).
6 *Ibid.*, p. 494.

de un juicio final absolutorio disipa[ba], en modo alguno, su efecto desaliento sobre la expresión protegida»[7].

La sentencia del caso *Dombrowski v. Pfister* vincula, por primera vez, el término *chilling effect* con la doctrina de la excesiva amplitud; un vínculo que se ha ido estrechando tanto que la operatividad del efecto desaliento ha acabado casi circunscribiéndose al ámbito de dicha doctrina[8]. Como excepción, destaca la sentencia del caso *Philadelphia Newspapers, Inc. v. Hepps*[9], que declaró contrario a la libertad de expresión que los tribunales de Pensilvania impusieran a un medio de comunicación demandado en un juicio por difamación la carga de probar la verdad de una publicación sobre un hecho de interés público, al entender que ello «disuade de [los discursos sobre asuntos de interés público] por temor a que se produzcan responsabilidades injustificadas», resultando dicho «efecto desaliento [...] antitético a la protección de la Primera Enmienda del discurso verdadero en asuntos de interés público»[10].

En la actualidad, el efecto desaliento sigue teniendo presencia en la jurisprudencia del Tribunal Supremo de Estados Unidos[11], si bien con un protagonismo mucho menor que en los años 1960 y 1970, período en el que se impugnaron numerosas normas por su potencial efecto desalentador en la libertad de expresión.

2. EL EFECTO DESALIENTO Y LA DOCTRINA DE LA EXCESIVA AMPLITUD

El efecto desaliento es un elemento nuclear de la doctrina de la excesiva amplitud (*overbreadth*), desarrollada

---

7 *Idem.*

8 *Vid. infra.*

9 475 U.S. 767 (1986).

10 *Ibid.*, p. 777.

11 *Vid.*, por ejemplo, la reciente sentencia del caso *Counterman v. Colorado*, 600 U.S. ___ (2023).

en el ámbito de los derechos de la Primera Enmienda[12]. En el caso *NAACP v. Button*[13], el Tribunal Supremo señaló que «estas libertades son delicadas y vulnerables, además de sumamente valiosas en nuestra sociedad», por lo que «necesitan un espacio de respiro para sobrevivir», de modo que «el poder político solo puede regular su ámbito con una especificidad estrecha»[14]. El objeto de la controversia en el citado caso era una ley de Virginia que, de acuerdo con la interpretación de los tribunales de dicho Estado, sancionaba penalmente a la persona que advertía a otra de que sus derechos habían sido infringidos y le remitía a un concreto abogado o grupo de abogados, así como al propio abogado que, a sabiendas, prestaba su asesoramiento en dichas circunstancias. La NAACP impugnó dicha norma por entender que atentaba contra las libertades de la Primera Enmienda, pues le impedía informar libremente sobre los derechos de la minoría negra estadounidense frente a las medidas de segregación racial. El Tribunal Supremo declaró que la ley de Virginia, tal y como se interpretaba, inhibía indebidamente las libertades de expresión y asociación, dado que se prestaba a «la aplicación selectiva contra causas impopulares», como lo es «el movimiento militante por los derechos civiles de los negros», que «ha generado un intenso resentimiento y oposición por parte de la comunidad blanca, políticamente dominante, de Virginia»[15]. En tales circunstancias,

> «una norma que restringe ampliamente la actividad de un grupo encaminada a litigar puede convertirse fácilmente en un arma de opresión, por muy imparciales que parezcan sus términos. Su mera existencia bien

---

12 Primera Enmienda a la Constitución de los Estados Unidos: «El Congreso no podrá hacer ninguna ley que suponga el establecimiento de una religión, o que prohíba su libre ejercicio; o que restrinja la libertad de discurso, o de prensa; o el derecho de las personas a reunirse pacíficamente, y a solicitar al Gobierno la reparación de agravios».

13 371 U.S. 415 (1963).

14 *Ibid.*, p. 433.

15 *Ibid.*, p. 435.

> podría congelar toda actividad llevada a cabo en favor de los derechos civiles de los ciudadanos negros»[16].

El reproche que se hace a la norma impugnada, en la interpretación mantenida por el Tribunal Supremo de Virginia, es su excesiva amplitud, es decir, la posibilidad de que resulte aplicable a actividades constitucionalmente protegidas por la Primera Enmienda. El Tribunal Supremo de Estados Unidos reconoce que, en el ámbito de estos derechos, una norma puede ser declarada inválida teniendo en cuenta sus posibles aplicaciones «en contextos fácticos distintos del que es objeto de examen [...], con independencia de que el procedimiento ponga de manifiesto o no que el demandante ha incurrido en una conducta protegida», pues «la cualidad objetable de la vaguedad y la excesiva amplitud [...] se deriva [...] del peligro de tolerar, en el área de las libertades de la Primera Enmienda, la existencia de una norma penal susceptible de una aplicación extensa e indebida»[17]. Y es que «la amenaza de sanciones puede disuadir del ejercicio [de estos derechos] casi tanto como la aplicación real de las mismas»[18].

De este modo, la doctrina de la excesiva amplitud, formulada en la sentencia del caso *Broadrick v. Oklahoma*[19], constituye una excepción a la regla general de que no se puede reclamar ante los tribunales federales por los daños causados a terceros[20], y también a la idea de que el daño reclamado debe ser no hipotético[21]. De acuerdo con esta doctrina,

---

16 *Ibid.*, pp. 435-436.

17 *Ibid.*, pp. 432-433.

18 *Ibid.*, p. 433.

19 413 U.S. 601 (1973).

20 Allen v. Wright, 468 U.S. 737 (1984), p. 751 («Un demandante [en un litigio federal] debe alegar un daño personal atribuible a la conducta supuestamente ilícita del demandado y que pueda ser reparado por el amparo solicitado»).

21 MASSARO, Toni M.: «Chilling Rights», *University of Colorado Law Review*, vol. 88, 2017, p. 57.

> «se permite a los litigantes impugnar una norma no porque viole sus propios derechos de libre expresión, sino por la predicción o presunción de que la existencia misma de la norma puede hacer que otras personas que no son parte del proceso se abstengan de discursos o expresiones constitucionalmente protegidos»[22].

En los casos de *overbreadth*, el demandante no impugna la norma por el daño que le ha causado su aplicación, sino por el desaliento que puede provocar en el ejercicio de la libertad de expresión de terceras personas. Si un sujeto es sancionado por llevar a cabo una actividad expresiva constitucionalmente protegida o se le prohíbe realizar dicha actividad, podrá impugnar la norma o la aplicación de la norma, pero no por su eventual efecto desalentador, sino por haberle causado un daño directo en su derecho a la libertad de expresión[23].

La consecuencia de la ampliación de la legitimación que comporta la doctrina de la excesiva amplitud es que «cualquier aplicación de la norma así cuestionada queda totalmente prohibida hasta que y a menos que una interpretación limitadora o una anulación parcial la restrinja de tal manera que elimine la aparente amenaza o disuasión de la expresión constitucionalmente protegida»[24]. Por eso, el Tribunal Supremo utiliza esta doctrina «con moderación y como último recurso»[25]. Como señala la sentencia del caso *Virginia v. Hicks*[26],

> «llega un punto en el que el efecto desaliento de una norma excesivamente amplia, por importante que sea, no puede justificar la prohibición de toda aplicación de esa norma; en particular, de una norma que refleja intereses legítimos del Estado en el mantenimiento de

---

22 Broadrick v. Oklahoma, 413 U.S. 601 (1973), p. 612.

23 SCHAUER, Frederick: «Fear, Risk and the First Amendment: Unraveling the Chilling Effect», *Boston University Law Review*, vol. 58, 1978, pp. 692-693.

24 Broadrick v. Oklahoma, 413 U.S. 601 (1973), p. 613.

25 *Idem.*

26 539 U.S. 113 (2003).

> controles exhaustivos sobre conductas lesivas carentes de protección constitucional. Porque la doctrina de la excesiva amplitud genera costes sociales sustanciales cuando impide que se aplique una norma a un discurso sin protección constitucional o, especialmente, a una conducta sin protección constitucional. Para garantizar que estos costes no se traguen los beneficios sociales de declarar una norma "excesivamente amplia", hemos insistido en que la aplicación de una norma a las expresiones protegidas debe ser "sustancial", no solo en un sentido absoluto, sino también en relación con el alcance de las aplicaciones claramente legítimas de la norma, antes de aplicar la "medicina fuerte" de la anulación por excesiva amplitud»[27].

En el citado caso, el Tribunal Supremo revocó la anulación por excesiva amplitud de una norma que autorizaba a la policía de Richmond (Virginia) arrestar a aquellas personas que accedieran a las calles de Whitcomb Court —complejo de viviendas para personas con pocos recursos— sin un «propósito social o comercial legítimo», habiendo sido previamente advertidas de que no regresasen a dicho lugar. La declaración de invalidez de dicha norma se consideró improcedente, sobre la base de que resultaba aplicable

> «a los paseantes, los vagabundos, los traficantes de drogas, los patinadores, los observadores de aves, los jugadores de fútbol y otras personas que no participan en conductas protegidas por la Constitución, un grupo que presumiblemente supera con creces a quienes se expresan amparados por la Primera Enmienda»[28].

En cambio, en el caso *United States v. Stevens*[29], el Tribunal Supremo confirmó la invalidez por excesiva amplitud del precepto de una ley federal que castigaba la creación, venta o posesión comercial de representaciones de crueldad hacia los animales, dado que abarcaba multitud de representaciones protegidas por la Primera Enmienda, como

---

27 *Ibid.*, pp. 119-120.
28 *Ibid.*, p. 123.
29 559 U.S. 460 (2010)

las contenidas en documentales o revistas de caza. En este caso, el Gobierno federal de los Estados Unidos fue incapaz de rebatir «que las aplicaciones posiblemente inadmisibles de [la norma impugnada] supera[sen] con creces a las permisibles»[30].

3. EL EFECTO DESALIENTO COMO DISUASIÓN DE ACTIVIDADES CONSTITUCIONALMENTE PROTEGIDAS

El *chilling effect* es, ante todo, un acto de disuasión[31]. Cuando se dice que una norma excesivamente amplia puede producir un efecto desaliento, se está haciendo referencia a que dicha norma puede disuadir a algunas personas de llevar a cabo una determinada actividad. Pero la disuasión de actividades ilícitas, contrarias al ordenamiento jurídico, es deseable: cualquier norma sancionadora persigue disuadir a los ciudadanos de realizar acciones que se subsumen en la correspondiente infracción[32]. Por ello, es más preciso describir el efecto desaliento como un acto de «excesiva disuasión»[33], en el que lo que se disuade es una actividad constitucionalmente protegida.

La noción de efecto desaliento resulta útil en los casos en los que la disuasión de la actividad constitucionalmente protegida constituye un efecto *indirecto* de la norma. Como apunta Schauer,

> «no necesitamos ninguna noción de efecto desaliento para decirnos que las normas que castigan lo que no

---

30 *Ibid.*, p. 481.

31 SCHAUER, Frederick: «Fear, Risk and the First Amendment...», ob. cit., p. 689.

32 *Ibid.*, pp. 689-690.

33 POMERANTZ NICKERSON, Amy: «Coercive Discovery and the First Amendment: Towards a Heightened Discoverability Standard», *UCLA Law Review*, vol. 57, 2010, p. 870.

> se puede castigar son inconstitucionales, ni tampoco el Tribunal Supremo necesita la doctrina del efecto desaliento para sostener eso. En estos casos de prohibición directa, el efecto desaliento no aporta nada al análisis; es una mera perogrullada decir que una norma que castiga inconstitucionalmente las expresiones protegidas también desalienta dichas expresiones. Si el efecto desaliento ha de tener algún significado como doctrina independiente, debe referirse únicamente a aquellos casos de disuasión que resultan de restricciones indirectas de las expresiones protegidas»[34].

Por ejemplo, en el caso *Coates v. City of Cincinnati*[35], no hizo falta que el Tribunal Supremo recurriese al efecto desaliento para anular una norma que sancionaba como delito que «tres o más personas se reúnan [...] en cualquier acera [...] comportándose de una manera molesta para los transeúntes», pues dicha norma «se dirig[ía] directamente a una actividad protegida por la Constitución», como lo es el ejercicio del derecho de reunión[36]. Ninguna función cumple el referido concepto en casos como este en el que la norma examinada «tipifica como delito lo que, en virtud de la Constitución, no puede serlo»[37].

Una norma excesivamente amplia persigue sancionar o prohibir «conductas lesivas carentes de protección constitucional»[38]. Este es un fin legítimo de la norma. El problema radica en que dicha norma está redactada en unos términos en los que se subsumen otros comportamientos que sí gozan de amparo constitucional; de ahí que se diga que es una norma «excesivamente amplia». Ese exceso de amplitud puede producir un efecto disuasorio en los ciudadanos respecto de la realización o participación en tales conductas constitucionalmente protegidas, sumiéndo-

---

34 SCHAUER, Frederick: «Fear, Risk and the First Amendment...», ob. cit., pp. 692-693.

35 402 U.S. 611 (1971).

36 *Ibid.*, pp. 615-616.

37 *Ibid.*, p. 616.

38 Broadrick v. Oklahoma, 413 U.S. 601 (1973), p. 615.

los en la incertidumbre sobre si su actuación les acarreará o no las consecuencias negativas de la aplicación de la norma[39].

El caso *Reno v. American Civil Liberties Union*[40] es un buen ejemplo para ilustrar el efecto desalentador indirecto que pueden ocasionar normas excesivamente amplias. El objeto del litigio versaba sobre la constitucionalidad de dos preceptos de la Ley federal de Decencia en las Comunicaciones de 1996 que castigaban la transmisión, a sabiendas, de mensajes «obscenos o indecentes» a cualquier destinatario menor de dieciocho años, y el envío o exhibición, a sabiendas, a una persona menor de dieciocho años de cualquier mensaje «que, en su contexto, represente o describa, en términos manifiestamente ofensivos según los estándares contemporáneos de la comunidad, actividades u órganos sexuales o excretores». El Tribunal Supremo declaró que, «a pesar de la legitimidad y la importancia del objetivo del Congreso de proteger a los niños de materiales dañinos [en Internet], [...] la Ley de Decencia en las Comunicaciones de 1996 restringe la libertad de expresión protegida por la Primera Enmienda», dado que el uso de los términos «indecente»[41] y «manifiestamente ofensivos», en ninguna parte definidos, podía generar incertidumbre en los ciudadanos sobre si determinados discursos constitucionalmente protegidos que tuvieran como destinatarios a menores de dieciocho años —por ejemplo, «una discusión seria sobre prácticas de control de la natalidad o sobre la homosexualidad»— infringían dicha ley[42].

---

39 SCHAUER, Frederick: «Fear, Risk and the First Amendment...», ob. cit., pp. 694-695.

40 521 U.S. 844 (1997).

41 No, así, el término «obsceno», pues, tras la sentencia del caso *Roth v. United States*, 354 U.S. 476 (1957), que lo define como «aquello que atrae el interés lascivo» o «que tiende a excitar pensamientos lujuriosos», el Tribunal Supremo permitió la prohibición total del discurso obsceno. *Vid.* Miller v. California, 413 U.S. 15 (1973).

42 Reno v. American Civil Liberties Union, 521 U.S. 844 (1997), pp. 870-871.

Cabe apuntar que la utilización de términos vagos contribuye, en muchos casos, a la creación del *chilling effect*, pero la vaguedad de una norma no explica, por sí sola, su posible efecto desalentador en actividades constitucionalmente protegidas. Como señala Fallon, una norma puede describir una conducta prohibida con términos vagos sin que se subsuman en ella comportamientos constitucionalmente protegidos. Por ejemplo, si se castigara la venta de publicaciones obscenas «que fueren consideradas excepcionalmente repugnantes desde el punto de vista moral por personas de sensibilidad ordinaria», dicha descripción legal de la conducta típica adolecería, sin duda, de vaguedad, pero ninguna acción constitucionalmente protegida podría subsumirse en ella, pues la venta de cualquier publicación obscena, sea o no delictiva, carece de protección constitucional. En estos casos, la norma vaga podrá ser impugnada por otros motivos, pero no por su eventual efecto desaliento[43].

4. EL EFECTO DESALIENTO Y LA LIBERTAD DE EXPRESIÓN

La doctrina de la excesiva amplitud se ha desarrollado en el ámbito de la libertad de expresión. El Tribunal Supremo de Estados Unidos ha aplicado esta doctrina en supuestos en los que el efecto disuasorio de la norma excesivamente amplia se proyecta sobre «discursos o expresiones constitucionalmente protegidos»[44].

El derecho a la libertad de expresión (*freedom of expression*) no se encuentra explícitamente reconocido en la Primera Enmienda, que lo que prohíbe es la restricción de la «libertad de discurso» (*freedom of speech*). Sin embargo, el Tribunal Supremo ha señalado que, aunque «la Primera

---

43 FALLON, Richard J.: «Making Sense of Overbreadth», *The Yale Law Journal*, vol. 100, 1991, pp. 904-905.

44 Broadrick v. Oklahoma, 413 U.S. 601 (1973), p. 612.

Enmienda, literalmente, prohíbe la restricción solamente del "discurso", [...] su protección no termina en la palabra hablada o escrita»[45], sino que se extiende a toda conducta «suficientemente imbuida de elementos comunicativos como para caer dentro de [su] alcance»[46]. De este modo, la Primera Enmienda protege una genérica libertad de expresión o de comunicación[47], esto es, una «libertad de participar en actividades expresivas»[48], en la que se integran las libertades de discurso —con la que muchas veces se identifica— y de prensa, y los derechos de reunión y de petición, expresamente reconocidos[49], así como «la libertad de asociación para la promoción de creencias e ideas»[50].

Con todo, el Tribunal Supremo sostiene que las conductas expresivas gozan de una protección menor que el «discurso puro». En el caso *Cox v. Louisiana*[51], se rechaza la idea de que la Primera Enmienda conceda «el mismo tipo de libertad a quienes comunican ideas mediante conductas como patrullar, marchar y formar piquetes en calles y carreteras que [...] a quienes comunican ideas mediante el discurso puro»[52]. Por su parte, la sentencia del caso *Amalgamated Food Employees Union Local 590 v. Logan Valley Plaza*[53] señala que las actividades que «involucran elementos tanto de discurso como de conducta [...] pueden estar sujetas a controles que no serían constitucionalmente admisibles en el caso del discurso puro»[54]. Esta distinción entre el discurso puro y la conducta expresiva también se ha proyectado en la doctrina de la excesiva amplitud, donde el requisito

---

45 Texas v. Johnson, 491 U.S. 397 (1989), p. 404.

46 Spence v. Washington, 418 U.S. 405 (1974), p. 409.

47 FEE, John: «The Freedom of Speech-Conduct», *Kentucky Law Journal*, vol. 109, 2020-2021, p. 90.

48 United States v. National Treasury Employees Union, 513 U.S. 454 (1995), p. 477.

49 Richmond Newspapers, Inc. v. Virginia, 448 U.S. 555 (1980).

50 NAACP v. Alabama, 357 U.S. 449 (1958).

51 379 U.S. 536 (1965).

52 *Ibid.*, p. 555.

53 391 U.S. 308 (1968)

54 *Ibid.*, p. 313.

de la sustancialidad se exige «especialmente cuando se ven implicadas conductas y no meros discursos»[55].

De lo que no hay duda es de que es posible impugnar por *overbreadth* normas que desalientan la realización de conductas expresivas. Sin ir más lejos, el primer caso en el que se declaró inválida una norma por su excesiva amplitud, el caso *Thornhill v. Alabama*[56], afectaba a una actividad, los piquetes laborales, que combina elementos de discurso y de conducta. El Tribunal Supremo consideró que la ley de Alabama que tipificaba como delito «hacer piquetes en el trabajo o en un local de negocios [...] con el fin de obstaculizar, retrasar, interferir o perjudicar cualquier negocio o empresa lícita de otro» era contraria a la libertad de expresión, al abarcar toda actividad encaminada a «dar a conocer los hechos de un conflicto laboral, ya sea mediante carteles impresos, folletos, de boca en boca o de cualquier otro modo, [...] siempre que se produzca en las proximidades del lugar del conflicto»[57]. Para justificar la anulación de dicha norma, se tuvo en cuenta la función social que en determinados contextos, como un conflicto laboral, cumple la libertad de expresión:

> «En las circunstancias de nuestro tiempo, la difusión de información relativa a los hechos de un conflicto laboral debe incluirse dentro del ámbito de la libertad de expresión garantizada por la Constitución. Hoy en día se reconoce que los horarios, salarios y condiciones de trabajo adecuados en las empresas y una posición negociadora que los haga posibles tienen una importancia que no es menor que los intereses de aquellos directamente involucrados en un negocio o empresa. El bienestar de la generación actual y de las venideras puede depender de estos asuntos, y las prácticas de una sola fábrica pueden tener repercusiones económicas en toda una región y afectar a amplios mercados. Un simple vistazo a la legislación estatal y federal en la materia demuestra la fuerza del argumento de que

---

55 Broadrick v. Oklahoma, 413 U.S. 601 (1973), p. 615.

56 210 U.S. 88 (1940).

57 *Ibid.*, p. 101.

> las relaciones laborales no son asuntos de mero interés local o privado. La libre discusión sobre las condiciones en las empresas y las causas de los conflictos laborales nos parece indispensable para el uso eficaz e inteligente de los procesos de gobierno popular para dar forma al destino de la sociedad industrial moderna. Las cuestiones planteadas por las normas, como la que aquí se impugna, que infringen el derecho de los trabajadores a informar de forma efectiva al público sobre los hechos de un conflicto laboral forman parte de este problema más amplio»[58].

Y es que, en su sentido más pleno, la libertad de expresión —o, si se prefiere, los «derechos de libre expresión»[59] o «libertades de expresión»[60], en plural— consiste en el «derecho a disentir y a trabajar por el cambio social»[61]. La Primera Enmienda «fue diseñada para asegurar el libre intercambio de ideas con el objetivo de lograr los cambios políticos y sociales deseados por el pueblo»[62]. Desde esta perspectiva, el ejercicio de la libertad de expresión contribuye al avance de la sociedad, lo que explica que su disuasión reciba un tratamiento especial, a través de la doctrina de la excesiva amplitud, al causar un daño no solo a quien se abstiene de llevar a cabo la actividad expresiva, «sino a la sociedad en su conjunto, que se ve privada de un mercado desinhibido de ideas»[63].

A diferencia de lo que sucede con otros derechos fundamentales, que reciben protección constitucional solamente para evitar «los peligros inherentes a la intervención del Estado»[64], el ejercicio de la libertad de expresión es con-

---

58 *Ibid.*, pp. 102-103.

59 Broadrick v. Oklahoma, 413 U.S. 601 (1973), p. 612.

60 New York Times Co. v. Sullivan, 376 U.S. 254 (1964), *passim*.

61 SEDLER, Robert Allen: «The First Amendment in Theory and Practice», *The Yale Law Journal*, vol. 80, 1971, p. 1079.

62 Monitor Patriot Co. v. Roy, 401 U.S. 265 (1971), pp. 271-272, citando Roth v. United States, 354 U.S. 476 (1957), p. 484.

63 Virginia v. Hicks, 539 U.S. 113 (2003), p. 119.

64 SCHAUER, Frederick: «Fear, Risk and the First Amendment...», ob. cit., p. 691.

cebido como una actividad positiva que debe ser fomentada[65]. A estos efectos, resulta ilustrativa la comparación de Schauer entre el derecho a no declarar contra uno mismo y la libertad de expresión:

> «No es la autoincriminación *per se* lo que es "malo", sino que a lo que hay que temer es a la autoincriminación resultante de la compulsión del Estado. Si, a pesar de las enmiendas quinta y decimocuarta, todos los acusados de delitos declararan libremente, no está claro que la sociedad saliese perdiendo. En cualquier caso, no tratamos de impedir que un acusado declare; solo intentamos asegurarnos de que su elección no sea coaccionada. La libertad de expresión, en cambio, se presenta como un tipo de "derecho" algo diferente. La libertad de expresión constituye un valor afirmativo: nos preocupa fomentar la expresión casi tanto como evitar que el poder político la restrinja. Y, aunque un análisis hohfeldiano revelaría que la libertad de expresarse implica la libertad de no expresarse, promovemos la primera por el beneficio social general que se presume que se deriva del ejercicio desinhibido de las libertades de la primera enmienda. Si, a pesar de la primera enmienda, nadie estuviera dispuesto a discutir asuntos públicos, expresar nuevas opiniones o intercambiar ideas e información, la sociedad se vería, sin duda, perjudicada»[66].

Por ello, cuando se impugna, por excesiva amplitud, una norma potencialmente disuasoria del ejercicio de la libertad de expresión, «el posible daño a la sociedad al permitir que algún discurso sin protección quede impune se ve compensado por la posibilidad de que el discurso protegido de otros pueda ser silenciado [...] por [sus] posibles efectos inhibitorios»[67]. En definitiva, la doctrina de la excesiva amplitud se fundamenta en la idea de que «una limitación errónea del discurso tiene [...] más desutilidad

65 *Idem.*

66 *Idem.*

67 Broadrick v. Oklahoma, 413 U.S. 601 (1973), p. 612.

social que una sobreextensión errónea de la libertad de expresión»[68].

5. EL EFECTO DESALIENTO DE LAS SANCIONES PENALES

No solo las normas penales pueden disuadir del ejercicio de la libertad de expresión, pero el potencial efecto desaliento en actividades expresivas constitucionalmente protegidas se manifiesta «especialmente cuando la norma excesivamente amplia impone sanciones penales»[69], por el temor a un posible encarcelamiento[70]. De ahí que las reclamaciones por excesiva amplitud tengan más opciones de prosperar en el contexto penal que en el civil[71].

La sentencia del caso *Broadrick v. Oklahoma*[72] parece sugerir lo contrario cuando señala:

> «Lo que se desprende claramente de nuestra jurisprudencia es, como mínimo, que el enjuiciamiento de la inconstitucionalidad total de las normas por excesiva amplitud es una excepción a nuestras *rules of practice* tradicionales y que su funcionalidad, de inicio limitada, se atenúa a medida que el comportamiento, de otro modo no protegido, que prohíbe al Estado sancionar se desplaza desde el "discurso puro" hacia la conducta y esa conducta, incluso si es expresiva, cae en el ámbito de aplicación de normas penales, de otro modo válidas, que reflejan intereses estatales legítimos en el mantenimiento de controles exhaustivos sobre conductas lesivas que carecen de protección constitucional. Aunque dichas normas, si están redactadas

---

68 SCHAUER, Frederick: «Fear, Risk and the First Amendment…», ob. cit., p. 688.

69 Virginia v. Hicks, 539 U.S. 113 (2003), p. 119.

70 SCHAUER, Frederick: «Fear, Risk and the First Amendment…», ob. cit., p. 697.

71 COENEN, Michael: «Of Speech and Sanctions: Toward a Penalty-Sensitive Approach to the First Amendment», *Columbia Law Review*, vol. 112, n.º 5, 2012, pp. 995-996.

72 413 U.S. 601 (1973).

> en términos demasiado amplios, pueden disuadir la expresión protegida en una medida desconocida, llega un punto en el que ese efecto —en el mejor de los casos, una predicción— no puede justificar, con seguridad, la invalidación total de una norma y, por tanto, la prohibición de que un Estado aplique la norma frente a una conducta que tiene cabida dentro de su poder de proscripción»[73].

Esta afirmación resulta sorprendente teniendo en cuenta que la primera vez que se aplicó la doctrina de la excesiva amplitud fue en el caso *Thornhill v. Alabama*[74], donde el Tribunal Supremo anuló una norma penal que resultaba aplicable a conductas expresivas y no a discursos puros[75]. También en el caso *Cox v. Louisiana*[76], al que alude la citada sentencia[77], la norma que fue declarada inconstitucional por excesiva amplitud era de naturaleza penal y su ámbito de aplicación se extendía a actividades expresivas distintas del discurso puro. Dicha norma tipificaba como delito reunirse con otros «con la intención de provocar un quebrantamiento de la paz pública, o en circunstancias tales que se pueda ocasionar un quebrantamiento de la paz pública», lo que permitía «castigar a las personas simplemente por expresar pacíficamente opiniones impopulares», abarcando en su ámbito de aplicación «actividades protegidas constitucionalmente por las libertades de expresión y de reunión»[78].

El fragmento citado del caso *Broadrick v. Oklahoma* ha sido omitido en sentencias posteriores[79], habiendo aclara-

---

73 *Ibid.*, p. 615.

74 210 U.S. 88 (1940).

75 *Vid. supra.*

76 379 U.S. 536 (1965).

77 Broadrick v. Oklahoma, 413 U.S. 601 (1973), pp. 613-614.

78 Cox v. Louisiana, 379 U.S. 536 (1965), pp. 462-463.

79 Como excepción, *vid.* New York v. Ferber, 458 U.S. 747 (1982), p. 770. En el caso *Virgnia v. Hicks*, el Tribunal Supremo reproduce parte del contenido del citado fragmento, pero sin aludir a las normas penales. *Vid.* Virginia v. Hicks, 539 U.S. 113 (2003), pp. 119-120.

do el Tribunal Supremo que «las normas penales [...] que prohíben una cantidad sustancial de conductas constitucionalmente protegidas pueden ser declaradas inválidas en su totalidad, incluso aunque también tengan aplicaciones legítimas»[80]. No hay que olvidar que la doctrina de la excesiva amplitud se estableció para hacer frente al «peligro de tolerar, en el área de las libertades de la Primera Enmienda, la existencia de normas penales susceptibles de una aplicación extensa e indebida»[81].

La severidad de las penas también influye en la decisión de un sujeto de «permanecer en silencio, en lugar de comunicar»[82]. En el caso *Ashcroft v. Free Speech Coalition*[83], el Tribunal Supremo declaró que los preceptos de la Ley federal de Prevención de la Pornografía Infantil de 1996 que castigaban conductas favorecedoras de la pornografía infantil virtual, esto es, la producida sin hacer uso de niños reales pero incluyendo imágenes sexualmente explícitas que parecen representar a menores, vulneraban la Primera Enmienda, dado que prohibían «una cantidad sustancial de expresiones lícitas»[84], al incluir en su ámbito «la representación visual de una idea, la de los adolescentes que participan en actividades sexuales, que es un hecho de la sociedad moderna y ha sido un tema recurrente en el arte y la literatura a lo largo de los siglos»[85]. Para valorar el *chilling effect* sobre la libertad de expresión, se tomaron en cuenta las penas tan altas —prisión de hasta quince años, en caso de primer delito; prisión de cinco a treinta años, en caso de reincidencia— asignadas a los referidos comportamientos:

> «Aunque castigos menores pueden desalentar el discurso protegido, este caso proporciona un ejemplo de libro de por qué permitimos impugnaciones totales de las normas que restringen la expresión. Con la vigencia

---

80 City of Houston v. Hill, 482 U.S. 451 (1987), p. 459.
81 NAACP v. Button, 371 U.S. 415 (1963), p. 433.
82 Reno v. American Civil Liberties Union, 521 U.S. 844 (1997).
83 535 U.S. 234 (2002).
84 *Ibid.*, pp. 256 y 258.
85 *Ibid.*, p. 246.

> de estas penas severas, pocos productores de películas o editores de libros legítimos, o cualesquiera otros comunicadores, se arriesgarían a distribuir imágenes dentro o cerca del alcance incierto de esta ley»[86].

Por tanto, la inconstitucionalidad de una norma excesivamente amplia potencialmente disuasoria del ejercicio de la libertad de expresión depende, en buena medida, de la gravedad de las sanciones que prevé, pues, cuanto más graves sean estas, mayor cantidad de expresión protegida quedará silenciada. En esta línea, la sentencia del caso *New York v. Ferber*[87] señala que «la sanción a imponer es relevante para determinar si la excesiva amplitud es sustancial», pero, a continuación, puntualiza que «el hecho de que se trate de una prohibición penal no [...] garantiza la conclusión de que existe una excesiva amplitud sustancial»[88].

6. CRÍTICAS

6.1. La vinculación del efecto desaliento a la doctrina de la excesiva amplitud

En la sentencia del caso *Laird v. Tatum*[89], el Tribunal Supremo negó que «las alegaciones de un "desaliento" subjetivo» constituyan un argumento suficiente para reclamar ante los tribunales federales[90]. En el citado caso, el objeto de la impugnación no era la existencia de una norma excesivamente amplia, sino el funcionamiento de un sistema de recopilación de datos gestionado por el Ejército de Tierra que incluía la vigilancia de las actividades de organizaciones defensoras de derechos civiles. El demandante temía que la información obtenida por las Fuerzas Armadas so-

---

86 *Ibid.*, p. 244.
87 458 U.S. 747 (1982).
88 *Ibid.*, p. 773.
89 408 U.S. 1 (1972).
90 *Ibid.*, pp. 13-14.

bre dichas organizaciones pudiese ser utilizada en el futuro para obstaculizar el ejercicio de sus derechos de la Primera Enmienda. El tribunal declaró que el demandante carecía de legitimación activa, por estar basado su miedo en meras especulaciones[91].

En una sentencia posterior, la del caso *Socialist Workers Party v. Attorney General of United States*[92], también sobre vigilancia a organizaciones políticas —vigilancia del FBI a una convención política de la *Young Socialist Alliance* (YSA), agrupación juvenil del Partido Socialista de los Trabajadores—, si bien se desestimó la reclamación de los demandantes, se admitió su legitimación activa por el siguiente motivo:

> «En este caso, las alegaciones son mucho más específicas [que en el caso *Laird v. Tatum*]: los demandantes se han quejado de que la actividad de investigación impugnada tendrá los efectos concretos de disuadir a algunos delegados de YSA de participar activamente en la convención, y de conducir a una posible pérdida de empleo a aquellos que se identifiquen como asistentes. Si el "desaliento" reclamado es sustancial o no, todavía es debatible, pero eso ya es una cuestión sobre el fondo del asunto, no de umbral jurisdiccional. La especificidad del perjuicio alegado por los demandantes es suficiente, según *Laird*, para satisfacer los requisitos del artículo III [de la Constitución de los Estados Unidos, referido al ámbito jurisdiccional de los tribunales federales]»[93].

Por tanto, fuera del ámbito de la doctrina de la excesiva amplitud, el sujeto que considera que una medida adoptada por los poderes públicos le ha causado o puede causarle un efecto desaliento en el ejercicio de sus derechos de la Primera Enmienda debe alegar algo «más que un "desaliento subjetivo"»[94], es decir, algo más que «sus [meros] temo-

---

91 *Ibid.*, p. 13.

92 419 U.S. 1314 (1974).

93 *Ibid.*, p. 1319.

94 Meese v. Keene, 481 U.S. 465 (1987), p. 473.

res a un hipotético daño futuro [...] no [...] inminente»[95]. Para impugnar dicha medida, es necesario demostrar que se ha sufrido «un daño objetivo, presente y específico, o la amenaza de un daño futuro y específico»[96].

Evans ha criticado la incoherencia que supone otorgar legitimación activa a un individuo para impugnar la aplicación de una norma excesivamente amplia por su posible efecto desaliento en los derechos de terceras personas y, a la vez, denegarla a aquellos que reclaman haber sufrido una lesión en sus derechos, aunque sea causada por el temor a un daño futuro no inminente[97]. Lo lógico sería reconocer a las víctimas del efecto desaliento «legitimación para impugnar las medidas adoptadas por los poderes públicos sin depender de la eventualidad de que otros sujetos puedan impugnarlas sobre la base de una excesiva amplitud»[98].

Recientemente, en el caso *Counterman v. Colorado*[99], el Tribunal Supremo ha aludido al efecto desaliento para fundamentar la exigencia de un elemento subjetivo en los delitos de amenazas:

> «La Primera Enmienda puede exigir un requisito subjetivo de estado mental que excluya la responsabilidad en algunas amenazas reales. La razón de ello está relacionada con lo que a menudo se llama "efecto desaliento". Las prohibiciones de discursos tienen el potencial de desalentar o disuadir el discurso más allá de sus límites. Un orador puede no estar seguro de a qué lado de la línea cae su discurso. O puede preocuparle que el sistema jurídico se equivoque y considere como no permitido un discurso que sí lo está. O puede que simplemente le preocupe el coste de verse enredado

---

95 Clapper v. Amnesty International USA, 568 U.S. 398 (2013), p. 416.

96 Meese v. Keene, 481 U.S. 465 (1987), p. 472, citando Laird v. Tatum, 408 U.S. 1 (1972), p. 14.

97 EVANS, Jeremy A. M.: «Speech, Spouses, and Standing: Is There Standing to Sue When Sanctions Threatened Against One's Spouse Chill Protected Expression?», *Boston College Law Review*, vol. 45, 2003, p. 164.

98 *Ibid.*, p. 165.

99 600 U.S. ___ (2023).

> en el sistema jurídico. El resultado es la "autocensura" del discurso que no se puede prohibir, un "ejercicio cauteloso y restrictivo" de las libertades de la Primera Enmienda. Y una herramienta importante para evitar ese resultado —para evitar que las personas se alejen "de la zona ilícita"— es condicionar la responsabilidad a que el Estado demuestre un estado mental culpable. Este requisito tiene un coste: protegerá algunos discursos que de otro modo podrían prohibirse (en este caso, las amenazas), porque el Estado no puede probar lo que pensaba el acusado. Pero el elemento añadido reduce la posibilidad de desalentar expresiones plenamente protegidas».

A diferencia de lo que sucede en la doctrina de la excesiva amplitud, el efecto desaliento no comportó en este caso la invalidación de una norma, sino la necesidad de interpretar restrictivamente su ámbito de aplicación. La norma penal de Colorado que castigaba las amenazas no fue declarada inconstitucional; lo que se consideró contrario a la Primera Enmienda es que se aplicase dicho delito sin probar ningún conocimiento por parte del acusado del carácter amenazante de sus declaraciones.

6.2. *La subjetividad del efecto desaliento*

El efecto desaliento tiene una naturaleza subjetiva. El temor a ser sancionado por llevar a cabo una actividad constitucionalmente protegida es una sensación que cada sujeto experimenta de un modo distinto e incluso algunos sujetos no la experimentan en modo alguno. Como señala Siegel, «todos los desalientos son subjetivos»[100], en contra de lo que parece sugerir la sentencia del caso *Laird v. Tatum*[101] cuando

---

100 SIEGEL, Jonathan R.: «Chilling Injuries as a Basis for Standing», *The Yale Law Journal*, vol. 98, 1989, p. 922.

101 408 U.S. 1 (1972).

alude a un «desaliento subjetivo», al que se le opondría un «desaliento objetivo»[102].

La subjetividad del *chilling effect* dificulta su demostración a través de pruebas empíricas[103]. Kendrick ha analizado detenidamente este problema, llegando a la conclusión de que «el Tribunal Supremo ha fundamentado el efecto desaliento en nada más que conjeturas empíricas poco convincentes»[104]. Para valorar si el efecto desaliento resulta operativo, el tribunal debe comparar el coste que comporta el discurso constitucionalmente protegido disuadido por la norma y el beneficio que supone la protección del interés legítimo perseguido por ella[105]. Esta comparación exige conocer en qué medida la norma que regula la expresión promueve otros intereses legítimos, cuánto discurso no protegido disuade y cuánto discurso protegido pone en riesgo, una «difícil, si no imposible, tarea», teniendo en cuenta que el objeto del análisis son «expresiones que no existen porque no se están produciendo»[106].

En la misma línea, Kinsley critica la doctrina del efecto desaliento por apoyarse en suposiciones que carecen de suficiente respaldo legal, doctrinal o empírico; concretamente, en las siguientes tres suposiciones:

> «(1) Que la persona es consciente de la existencia de una norma que prohíbe o restringe el discurso; (2) que la persona comprende exactamente cómo se aplica la norma al discurso que desea expresar; y (3) que la

---

102 SIEGEL, Jonathan R.: «Chilling Injuries as a Basis for Standing», ob. cit., pp. 905 y ss.

103 SOLOVE, Daniel J.: «The First Amendment as Criminal Procedure», *New York University Law Review*, vol. 82, 2007, p. 155; POMERANTZ NICKERSON, Amy: «Coercive Discovery and the First Amendment...», ob. cit. p. 871. Algunos estudios han utilizado la encuesta como fuente de medición del efecto desaliento. *Vid.* BEDI, Suneal: «The Myth of the Chilling Effect», *Harvard Journal of Law & Technology*, vol. 35, n.º 1, 2021, pp. 267-307.

104 KENDRICK, Leslie: «Speech, Intent, and the Chilling Effect», *William & Mary Law Review*, vol. 54, 2013, p. 1684.

105 *Ibid.*, p. 1682.

106 *Ibid.*, pp. 1682-1683.

> persona está dispuesta a ajustar su comportamiento a la norma, en lugar de expresarse y, en consecuencia, arriesgarse a las represalias de los poderes públicos, o en lugar de valerse de otros recursos legales»[107].

Para la citada autora, ninguna de estas premisas es válida: (1) son muchas las normas que regulan el discurso, por lo que cabe presumir que la mayoría de las personas tienen un conocimiento escaso de dichas normas en el momento en el que deciden si se expresan o no[108]; (2) aún en el caso de que conozcan la existencia de una determinada norma que regula el discurso, es muy difícil que sepan el modo en que dicha norma se aplicaría a la actividad expresiva que se plantean llevar a cabo, dada la imprecisión que suele acompañar a este tipo de normas[109]; (3) incluso siendo conocedor un sujeto de que la actividad expresiva que querría realizar cae bajo el ámbito de aplicación de una determinada norma, ello no tiene por qué llevarle a abstenerse de la expresión, sino que en muchos casos le empujará a hacer valer sus derechos de la Primera Enmienda ante los tribunales o por otras vías[110].

Schauer reconoce que la noción de *chilling effect* se asienta sobre predicciones del comportamiento humano indemostrables, pero también sobre dos suposiciones, en principio, irrebatibles: (1) que el ordenamiento jurídico no es, ni mucho menos, perfecto, y (2) que las personas —o, mejor, algunas personas— tienen aversión al riesgo[111]. Si a ello le añadimos la presunción, democráticamente válida, de que es preferible proteger en exceso la libertad de expresión que infraprotegerla, se entiende tanto que una determinada norma dirigida a sancionar expresiones ca-

---

107 KINSLEY, Jennifer M.: «Chill», *Loyola University Chicago Law Journal*, vol. 48, 2016, p. 274.

108 *Ibid.*, pp. 274 y ss.

109 *Ibid.*, pp. 278 y ss.

110 *Ibid.*, pp. 281 y ss.

111 SCHAUER, Frederick: «Fear, Risk and the First Amendment...», ob. cit., pp. 730-731.

rentes de amparo constitucional pueda disuadir a algunas personas de llevar a cabo actividades expresivas constitucionalmente protegidas por el temor a que les resulte aplicable, como que dicha norma pueda ser impugnada por sus indeseables efectos disuasorios[112].

Pese a sus dificultades probatorias, el efecto desaliento puede sostenerse apoyándose en una regla objetiva: el estándar de la persona razonable, según el cual la apreciación del *chilling effect* dependerá de si la norma o la medida adoptada por los poderes públicos disuadiría o no de ejercer sus derechos a una persona razonable del modo en que se afirma en la demanda[113]. La adopción de este criterio no compromete la naturaleza subjetiva del efecto desaliento, pues su razonabilidad no lo convierte en algo objetivo, sino que lo que hace es otorgarle operatividad para impugnar una determinada norma o medida[114]. En definitiva, de acuerdo con el mencionado criterio, el efecto desaliento solo podrá ser alegado ante los tribunales cuando esté basado en «temores *razonables* a un daño futuro»[115].

6.3. El efecto desaliento como problema específico de la libertad de expresión

El Tribunal Supremo ha limitado el ámbito de aplicación de la doctrina de la excesiva amplitud a los supuestos

112 *Ibid.*, pp. 731-732.

113 SIEGEL, Jonathan R.: «Chilling Injuries as a Basis for Standing», ob. cit., p. 922; MICHELMAN, Scott: «Who Can Sue Over Government Surveillance?», *UCLA Law Review*, vol. 57, 2009, p. 113.

114 SIEGEL, Jonathan R.: «Chilling Injuries as a Basis for Standing», ob. cit., p. 922.

115 WASSERMAN, Matthew A.: «First Amendment Limitations on Police Surveillance: The Case of Muslim Surveillance Program», *New York University Law Review*, vol. 90, 2015, p. 1805. Los tribunales federales inferiores utilizan el criterio de los «temores objetivamente razonables» para decidir si atienden o no las demandas basadas en algún efecto desaliento. *Vid.* EVANS, Jeremy A. M.: «Speech, Spouses, and Standing...», ob. cit., pp. 156 y ss.

en que las normas disuaden del ejercicio de los derechos de la Primera Enmienda[116]. En contra de esta restricción se han manifestado algunos autores, entre los que destaca Decker, según el cual «no hay ninguna razón para limitar una herramienta tan importante y poderosa a un área determinada solo porque es allí donde tuvo su origen», por lo que debería permitirse la impugnación de toda «norma que erosione sustancialmente *cualquier* actividad constitucionalmente protegida por no haber sido redactada con mayor estrechez»[117]. Que la libertad de expresión sea reconocida como la más valiosa de las libertades no implica que los demás derechos deban quedar excluidos de la doctrina de la excesiva amplitud[118].

En un caso reciente, el caso *Whole Woman's Health v. Jackson*[119], se planteó la inconstitucionalidad de la Ley del Latido del Corazón de Texas (*Texas Heartbeat Act*)[120] por su posible efecto desaliento en el ejercicio del derecho al aborto de las mujeres embarazadas[121]. Disintiendo parcialmente de la opinión mayoritaria del Tribunal Supremo reflejada en la sentencia, la magistrada Sotomayor emitió voto particular favorable a la anulación de la citada ley por el mencionado motivo:

---

116 United States v. Salerno, 481 U.S. 739 (1987) («No hemos reconocido una doctrina de la excesiva amplitud fuera del limitado contexto de la Primera Enmienda»).

117 DECKER, John F.: «Overbreadth outside the First Amendment», *New Mexico Law Review*, vol. 34, 2004, p. 105.

118 *Ibid.*, pp. 106-107.

119 595 U.S. ___ (2021).

120 Ley que prohíbe el aborto desde el momento en que se detecta algún latido en el corazón del *nasciturus*.

121 En la sentencia del caso *Dobbs v. Jackson Women's Health Organization*, 597 U.S. ___ (2022), el Tribunal Supremo de Estados Unidos ha declarado que «la Constitución no confiere un derecho al aborto», siendo decisión «de cada Estado regular o prohibir el aborto». De este modo, se revoca lo establecido en *Roe v. Wade*, 410 U.S. 113 (1973), que reconoció el mencionado derecho como parte del derecho a la intimidad que surge de las Enmiendas Primera, Cuarta, Quinta, Novena y Decimocuarta.

> «Desde hace casi tres meses, el legislador texano prácticamente ha suspendido una garantía constitucional: el derecho de una mujer embarazada a controlar su propio cuerpo. En abierto desafío a los precedentes de este tribunal, Texas promulgó la Ley del Latido del Corazón, que prohíbe el aborto a partir de aproximadamente seis semanas después del último período menstrual de una mujer, mucho antes del momento en que el feto adquiere viabilidad. Desde su entrada en vigor el 1 de septiembre de 2021, la Ley del Latido del Corazón ha amenazado a los prestadores de servicios de aborto con la perspectiva de multitud de demandas por daños y perjuicios, presentadas en cualquier lugar de Texas por cazadores de recompensas privados, por llevar a cabo cualquier acción de apoyo a las mujeres en el ejercicio de su derecho fundamental a elegir. El efecto desaliento ha sido casi total, privando a las mujeres embarazadas de Texas de prácticamente todas las oportunidades de buscar asistencia al aborto dentro de su Estado de origen después de la sexta semana de embarazo. Algunas mujeres han hecho valer sus derechos viajando a otros Estados. Para las muchas mujeres que no pueden hacer esto, sus únicas alternativas son llevar a término los embarazos no deseados o autoinducirse abortos fuera del sistema médico».

El efecto desaliento de la Ley del Latido del Corazón de Texas en el ejercicio del derecho al aborto de las mujeres embarazadas parece claro, pero la disuasión de la actividad abortiva es el objetivo que persigue la propia ley, tratándose, por tanto, de un caso de «prohibición directa», en el que «el efecto desaliento no aporta nada al análisis»[122]. La doctrina de la excesiva amplitud, cuya extensión al ámbito del derecho al aborto ha sido propuesta por algunos autores[123], está pensada para favorecer un tipo de actividades en el que no encaja el aborto. Los discursos y otras formas de

---

122 SCHAUER, Frederick: «Fear, Risk and the First Amendment...», ob. cit., pp. 692-693.

123 EBERSBACH, Kurt D.: «Women's Medical Professional Corp. v. Voinovich: Applying Overbreadth Analysis to Post-Viability Abortion Regulations», *Georgia Law Review*, vol. 30, 1996, pp. 1151 y ss.; CANES-WRONE, Brandice, y DORF, Michael C.: «Measuring the

expresión constitucionalmente protegidas se consideran actividades beneficiosas para el conjunto de la sociedad, razón por la cual el ejercicio de la libertad de expresión debe ser fomentado, evitando su disuasión indirecta[124]. En cambio, el derecho al aborto —en aquellos Estados en los que se reconozca— debe ser simplemente garantizado, pues la decisión de abortar dentro de los supuestos permitidos por el ordenamiento jurídico no se reputa socialmente más valiosa que la decisión de proseguir con el embarazo. De ahí que no resulte justificado extender la doctrina de la excesiva amplitud a este ámbito.

Pero la libertad de expresión no es el único derecho cuyo ejercicio se considera ventajoso para la sociedad. También lo es, por ejemplo, el derecho a la asistencia letrada (*right to counsel*), reconocido constitucionalmente bajo el entendimiento de que la participación de un abogado en un proceso judicial favorece la consecución de un juicio justo[125]. Por eso, las normas que disuaden indirectamente del ejercicio de este derecho[126], o de cualquier otro que comporte un beneficio social, deberían poder ser impugnadas por su excesiva amplitud[127].

Chilling Effect», *New York University Law Review*, vol. 90, 2015, pp. 1095 y ss.

124 *Vid. supra.*

125 Gideon v. Wainwright, 372 U.S. 335 (1963).

126 Sobre el efecto desaliento en el ejercicio del derecho a la asistencia letrada de los menores de las leyes que exigen que sus padres se hagan cargo de los honorarios de sus abogados, *vid.* LETTUNICH, Martin N.: «Does Parental Liability for Legal Fees Infringe Upon a Juvenile's Constitutional Rights», *Santa Clara Lawyer*, vol. 10, 1970, pp. 347 y ss.; GOURDIE, Hannah R.: «The Guiding Hand of Counsel, for a Price: Juvenile Public Defender Fees and Their Effects», *William & Mary Law Review*, vol. 62, 2021, pp. 1026 y ss.

127 SCHAUER, Frederick: «Fear, Risk and the First Amendment...», ob. cit., p. 692 («La primera enmienda no es la única disposición constitucional que puede interpretarse como que otorga derechos afirmativos, y sería posible aplicar el razonamiento del efecto desaliento a cualquier garantía "positiva"»).

6.4. *El valor relativo del efecto desaliento: la sustancialidad de la excesiva amplitud*

Desde la sentencia del caso *Broadrick v. Oklahoma*[128], para anular una norma por *overbreadth* se exige, «especialmente cuando se ven involucradas conductas y no simplemente discursos», que la excesiva amplitud de la norma sea «sustancial, valorada en relación con [su] alcance claramente legítimo»[129]. Con este requisito, el Tribunal Supremo busca lograr un equilibrio entre dos costes sociales: el de mantener una norma que desalienta el ejercicio de la libertad de expresión y el de anular esa misma norma que puede en algunos casos aplicarse legítimamente. Así lo explica la sentencia del caso *United States v. Williams*[130]:

> «De acuerdo con nuestra doctrina de la excesiva amplitud, radicada en el ámbito de la Primera Enmienda, una norma es totalmente inválida si prohíbe una cantidad sustancial de discurso protegido. La doctrina trata de lograr un equilibrio entre los costes sociales en disputa. Por un lado, la amenaza de la aplicación de una norma excesivamente amplia disuade a las personas de participar en un discurso constitucionalmente protegido, lo que inhibe el libre intercambio de ideas. Por otro lado, la anulación de una norma que en algunas de sus aplicaciones es perfectamente constitucional —en especial, una norma dirigida a conductas tan antisociales que han sido tipificadas como delictivas— tiene evidentes efectos perjudiciales. Con el fin de mantener un equilibrio adecuado, hemos aplicado decididamente el requisito de que la excesiva amplitud de la norma sea *sustancial*, no solo en un sentido absoluto, sino también en relación con el alcance claramente legítimo de la norma»[131].

El requisito de la sustancialidad ha reducido notablemente el ámbito de aplicación de la doctrina de la excesiva

---

128 413 U.S. 601 (1973).

129 *Ibid.*, p. 615.

130 553 U.S. 285 (2008).

131 *Ibid.*, p. 292.

amplitud. En su voto particular a la sentencia del caso *Broadrick v. Oklahoma*[132], el juez Brennan ya advirtió del impacto negativo que podía tener la introducción de este requisito:

> «Si el requisito de la excesiva amplitud "sustancial" se interpreta únicamente en el sentido de que el examen de la validez total de una norma es inadecuado cuando la probabilidad de que se aplique de manera inadmisible es demasiado pequeña para generar un "efecto desaliento" en el discurso o la conducta protegidos, entonces probablemente el impacto sea pequeño. En cambio, si la decisión de hoy obliga a establecer distinciones artificiales entre discurso protegido y conducta protegida, y si el "desaliento" en la conducta protegida rara vez, si no nunca, se considera suficiente para exigir la invalidación total de una norma excesivamente amplia, entonces el efecto podría ser realmente muy grave»[133].

De acuerdo con el planteamiento del Tribunal Supremo, para declarar inválida una norma por excesiva amplitud, no basta con «el mero hecho de que alguien pueda concebir algunas [de sus] aplicaciones inadmisibles»[134]. Esto parece razonable. Lo que resulta problemático es que la sustancialidad de la excesiva amplitud se haga depender del «alcance de las aplicaciones claramente legítimas de la norma»[135], una circunstancia que nada influye en la entidad del efecto desaliento, que puede ser mayor o menor con independencia de lo grande que sea el ámbito de aplicación legítimo de la norma. Conforme a este criterio, normas que desalienten en alto grado el ejercicio de la libertad de expresión no podrán ser anuladas si su alcance legítimo —los comportamientos prohibidos— supera considerablemente a su alcance ilegítimo —las expresiones protegidas que entran en su ámbito de aplicación—.

---

132 413 U.S. 601 (1973).

133 *Ibid.*, pp. 632-633.

134 City Council of Los Angeles v. Taxpayers for Vincent, 466 U.S. 789 (1984), p. 800.

135 Virginia v. Hicks, 539 U.S. 113 (2003), p. 120.

Muy ilustrativo resulta el caso *New York v. Ferber*[136], en el que se analizó la excesiva amplitud de una norma de la legislación penal de Nueva York que tipificaba como delito promover «cualquier actuación que incluyera una conducta sexual de un niño menor de dieciséis años». El Tribunal Supremo consideró que dicha norma no era sustancialmente demasiado amplia porque las expresiones protegidas que podía inhibir representaban una pequeña parte de su ámbito de aplicación:

> «Consideramos que este es un caso paradigmático de una norma estatal cuyo alcance legítimo empequeñece sus aplicaciones posiblemente inadmisibles. Nueva York, como hemos sostenido, puede prohibir constitucionalmente la difusión del material especificado en [la norma impugnada]. Aunque el alcance de la norma se dirige al núcleo duro de la pornografía infantil, el Tribunal de Apelación se mostró comprensiblemente preocupado por el hecho de que algunas expresiones protegidas, que van desde manuales de medicina hasta ilustraciones del *National Geographic*, puedan caer en el ámbito de la norma. No se puede saber con certeza con qué frecuencia, si es que alguna vez, puede ser necesario emplear a niños para que participen en conductas claramente incluidas en el ámbito de aplicación de [la norma impugnada] con el fin de producir obras educativas, médicas o artísticas. Sin embargo, dudamos seriamente, y no se ha sugerido, que estas aplicaciones posiblemente inadmisibles de la norma representen más que una pequeña fracción de los materiales incluidos en el ámbito de aplicación de la norma»[137].

Por tanto, el efecto desaliento de la citada norma en el ejercicio de la libertad de expresión no es valorado por sí mismo, sino en relación con el alcance legítimo de la propia norma. Como advierte Wright, este modo de concebir el requisito de la sustancialidad puede generar un efecto perverso: que, para evitar la anulación de una norma por

---

136 458 U.S. 747 (1982).

137 *Ibid.*, p. 773.

excesiva amplitud, el legislador amplíe arbitrariamente su ámbito de aplicación legítimo, añadiendo comportamientos carentes de protección constitucional, de modo que «aumente considerablemente la proporción de aplicaciones no problemáticas de la norma con respecto a sus aplicaciones problemáticas»[138].

7. CONCLUSIÓN

En la jurisprudencia estadounidense, el efecto desaliento es tratado como un problema de configuración de las normas, como un *exceso* de la regulación. Se considera que una norma es excesivamente amplia cuando inhibe el ejercicio de la libertad de expresión. El «trascendental valor social» de este derecho —o conjunto de derechos: los reconocidos, explícita o implícitamente, en la Primera Enmienda— justifica que cualquier ciudadano pueda solicitar la anulación de una norma excesivamente amplia[139]. En esto consiste la doctrina de la excesiva amplitud.

Ahora bien, no todo exceso de amplitud determina la invalidez de una norma. Para mitigar el peligro de que comportamientos socialmente indeseables queden impunes, el Tribunal Supremo exige que ese exceso sea «sustancial, valorado en relación con el alcance claramente legítimo de la norma»[140]. De este modo, el efecto desaliento en la libertad de expresión es tomado en cuenta de manera relativa.

---

[138] WRIGHT, R. George: «The Problems of Overbreadth and What to Do About Them», *Houston Law Review*, vol. 60, 2023, p. 1141.

[139] Gooding v. Wilson, 405 U.S. 518 (1972), p. 521

[140] Broadrick v. Oklahoma, 413 U.S. 601 (1973), p. 615.

II. El efecto desaliento en la jurisprudencia del Tribunal Europeo de Derechos Humanos

1. DEL TRIBUNAL SUPREMO DE ESTADOS UNIDOS AL TRIBUNAL EUROPEO DE DERECHOS HUMANOS

La primera vez que el Tribunal Europeo de Derechos Humanos (TEDH) utilizó el término *chilling effect* fue en la sentencia del caso *Goodwin c. Reino Unido*, donde se alude al «potencial efecto desaliento que una orden de revelación de fuentes tiene sobre el ejercicio de [la libertad de prensa]»[141]. Con anterioridad, el Tribunal de Estrasburgo ya se había referido al «riesgo de desalentar [...] el debate público sobre temas que afectan a la vida de la comunidad»[142], a «la gran importancia de no desalentar a los miembros del público, por temor a sanciones penales o de otro tipo, de expresar sus opiniones sobre asuntos de interés público»[143] o a la capacidad de las condenas y sentencias de «desalentar el debate abierto sobre materias de preocupación pública»[144]. En todos estos casos, el derecho fundamental implicado es la libertad de expresión, reconocida en el artículo 10 del Convenio Europeo de Derechos Humanos (CEDH)[145].

141 STEDH, Gran Sala, de 27 de marzo de 1996, *Goodwin c. Reino Unido*, § 39.

142 STEDH, Sala, de 25 de marzo de 1985, *Barthold c. Alemania*, § 58.

143 STEDH, Sala, de 22 de febrero de 1989, *Barfod c. Dinamarca*, § 29.

144 STEDH, Sala, de 25 de junio de 1992, *Thorgeir Thorgeirson c. Islandia*, § 68.

145 Convenio para la Protección de los Derechos Humanos y de las Libertades Fundamentales, hecho en Roma el 4 de noviembre de 1950. El Convenio fue firmado por España el 24 de noviembre de 1977, entrando en vigor el 4 de octubre de 1979.

Así pues, al igual que en la jurisprudencia estadounidense, la doctrina del efecto desaliento surge en la jurisprudencia europea enmarcada en el ámbito de la libertad de expresión con el objetivo de asegurar «un debate público abierto y sin restricciones sobre asuntos de interés público»[146]. En una formulación que recuerda a *Virginia v. Hicks*[147], el TEDH ha señalado que «el efecto desaliento [...] sobre el ejercicio de la libertad de expresión [...] va en detrimento de la sociedad en su conjunto»[148]. Por tanto, el *chilling effect* en el ejercicio de la libertad de expresión se concibe también en Europa como un efecto indeseable de las medidas adoptadas por los poderes públicos que repercute negativamente en personas distintas del demandante[149].

Progresivamente, el TEDH ha ido extendiendo la aplicación de la doctrina del efecto desaliento a otros derechos fundamentales, como el derecho a un juicio justo (art. 6 CEDH)[150], el derecho al respeto a la vida privada (art. 8 CEDH)[151], el derecho de reunión (art. 11 CEDH)[152] o el

---

146 STEDH, Sección 4.ª, de 3 de abril de 2012, *Kaperzyński c. Polonia*, § 74.

147 539 U.S. 113 (2003), p. 119 («Muchas personas, en lugar de asumir la carga considerable —y, a veces, el riesgo— de reivindicar sus derechos litigando caso por caso, optarán simplemente por abstenerse del discurso protegido, perjudicándose no solo a ellos mismos, sino a la sociedad en su conjunto, que se ve privada de un mercado desinhibido de ideas»).

148 STEDH, Gran Sala, de 17 de diciembre de 2004, *Cumpǎnǎ y Mazǎre c. Rumanía*, § 114.

149 STEDH, Sección 2.ª, de 15 de enero de 2019, *Mătăsaru c. Moldavia*, § 35 («Dicha sanción, por su propia naturaleza, no solo tuvo repercusiones negativas para el demandante, sino que también podría tener un grave efecto desaliento en otras personas y disuadirlas de ejercer su libertad de expresión»).

150 STEDH, Sección 1.ª, de 11 de diciembre de 2008, *Panovits c. Chipre*, §§ 100-101 («El Tribunal sostiene que la condena impuesta al abogado del demandante había podido tener un "efecto desaliento" en el desempeño de las funciones atribuidas a los abogados cuando actúan como defensores»).

151 *Vid. infra.*

152 *Vid. infra.*

derecho de petición (art. 34 CEDH)[153]. Con todo, la mayoría de los casos versan sobre restricciones al ejercicio de la libertad de expresión, y, muchas veces, la violación del otro derecho fundamental es «leída a la luz del artículo 10 del Convenio»[154].

Ahora bien, el tratamiento del efecto desaliento es muy distinto en la jurisprudencia europea que en la norteamericana: mientras que en el Tribunal Supremo de Estados Unidos el *chilling effect* es invocado para anular normas excesivamente amplias, en el TEDH constituye, principalmente, un factor para medir la proporcionalidad de una determinada medida restrictiva de derechos fundamentales adoptada en aplicación de una norma. Si dicha medida desalienta el ejercicio del derecho fundamental —o lo desalienta en cierto grado—, se considerará que no es «necesaria en una sociedad democrática».

2. EL EFECTO DESALIENTO COMO ELEMENTO PARA VALORAR LA «NECESIDAD EN UNA SOCIEDAD DEMOCRÁTICA» DE UNA MEDIDA RESTRICTIVA DE DERECHOS FUNDAMENTALES

El artículo 10 CEDH, después de reconocer que «toda persona tiene derecho a la libertad de expresión», y de señalar que «este derecho comprende la libertad de opinión y la libertad de recibir o de comunicar informaciones o ideas sin que pueda haber injerencia de autoridades públicas y sin consideración de fronteras» (apdo. 1), añade:

> «2. El ejercicio de estas libertades, que entrañan deberes y responsabilidades, podrá ser sometido a ciertas

153 *Vid. infra.*

154 STEDH, Sección 5.ª, de 2 de junio de 2022, *Straume c. Letonia*, § 113 («Por tanto, ha habido una violación del artículo 11 del Convenio, leído a la luz del artículo 10»).

> formalidades, condiciones, restricciones o sanciones, previstas por la ley, que constituyan medidas necesarias, en una sociedad democrática, para la seguridad nacional, la integridad territorial o la seguridad pública, la defensa del orden y la prevención del delito, la protección de la salud o de la moral, la protección de la reputación o de los derechos ajenos, para impedir la divulgación de informaciones confidenciales o para garantizar la autoridad y la imparcialidad del poder judicial».

En términos muy similares se pronuncian los artículos 8.2[155], 9.2[156] y 11.2 CEDH[157], refiriéndose todos ellos a «injerencias» o «restricciones», «previstas por la ley», que constituyan «medidas necesarias en una sociedad democrática» para lograr determinados objetivos legítimos. Basándose en tales disposiciones, el TEDH considera que cualquier injerencia o restricción en el ejercicio del respectivo derecho fundamental constituye una violación del precepto que lo

---

155 Art. 8.2 CEDH: «No podrá haber injerencia de la autoridad pública en el ejercicio de este derecho [derecho al respeto a la vida privada y familiar] sino en tanto en cuanto esta injerencia esté prevista por la ley y constituya una medida que, en una sociedad democrática, sea necesaria para la seguridad nacional, la seguridad pública, el bienestar económico del país, la defensa del orden y la prevención de las infracciones penales, la protección de la salud o de la moral, o la protección de los derechos y las libertades de los demás».

156 Art. 9.2 CEDH: «La libertad de manifestar su religión o sus convicciones no puede ser objeto de más restricciones que las que, previstas por la ley, constituyan medidas necesarias, en una sociedad democrática, para la seguridad pública, la protección del orden, de la salud o de la moral públicas, o la protección de los derechos o las libertades de los demás».

157 Art. 11.2 CEDH: «El ejercicio de estos derechos [libertad de reunión y de asociación] no podrá ser objeto de otras restricciones que aquellas que, previstas por la ley, constituyan medidas necesarias, en una sociedad democrática, para la seguridad nacional, la seguridad pública, la defensa del orden y la prevención del delito, la protección de la salud o de la moral, o la protección de los derechos y libertades ajenos. El presente artículo no prohíbe que se impongan restricciones legítimas al ejercicio de estos derechos por los miembros de las fuerzas armadas, de la policía o de la Administración del Estado».

reconoce, a menos que reúna los siguientes requisitos[158]: (1) que esté prescrita por la ley, esto es, que la medida impugnada «tenga su fundamento en el Derecho interno» y que la ley en cuestión sea «accesible a las personas interesadas y esté formulada con suficiente precisión para permitirles [...] prever [...] las consecuencias que puede acarrear una determinada acción»[159]; (2) que persiga alguno de los objetivos legítimos establecidos en el apartado segundo del correspondiente precepto; y (3) que sea «necesaria en una sociedad democrática» para la consecución de dicho objetivo.

Los Estados miembros «gozan de un margen de apreciación [...] no ilimitado»[160] a la hora de valorar si una medida restrictiva de derechos fundamentales es «necesaria en una sociedad democrática». Para acreditar el cumplimiento de este requisito, el TEDH

> «debe examinar la injerencia denunciada a la luz del conjunto de las circunstancias del caso y determinar, tras haber demostrado que perseguía un "objetivo legítimo", si respondía a una "necesidad social apremiante" y, en particular, si resultaba proporcionada a dicho objetivo y si las razones aducidas por las autoridades nacionales para justificarla eran "relevantes y suficientes"»[161].

Pues bien, uno de los elementos que se toman en cuenta para evaluar la proporcionalidad y, en consecuencia, la «necesidad en una sociedad democrática» de la medida restrictiva de derechos fundamentales es su posible efec-

---

158 STEDH, Sala, de 20 de septiembre de 1994, *Otto-Preminger-Institut c. Austria*, § 43; STEDH, Gran Sala, de 5 de abril de 2022, *NIT S.R.L. c. Moldavia*, § 151.

159 STEDH, Sección 5.ª, de 11 de abril de 2013, *Vyerentsov c. Ucrania*, § 52.

160 STEDH, Sección 5.ª, de 5 de marzo de 2009, *Barraco c. Francia*, § 42.

161 STEDH, Gran Sala, de 15 de octubre de 2015, *Kudrevičius y otros c. Lituania*, § 143.

to desaliento[162]. En este sentido, el Tribunal de Estrasburgo señala que dicho efecto es «un factor que afecta a la proporcionalidad, y, por tanto, a la justificación, de las sanciones»[163].

No obstante, en algunos casos, el *chilling effect* opera en la jurisprudencia del TEDH fuera del ámbito de la proporcionalidad. Por ejemplo, cuando se alude a dicho efecto en sentencias sobre demandas por vulneración del derecho de petición reconocido en el artículo 34 CEDH[164], se hace para constatar la existencia de una injerencia, no para valorar su «necesidad en una sociedad democrática», como puede observarse en el siguiente fragmento de la sentencia del caso *Nurmagomedov c. Rusia*:

> «El Tribunal reitera que el derecho de petición individual del artículo 34 del Convenio operará con efectividad solamente si un demandante puede interactuar con el Tribunal libremente, sin ninguna presión de las autoridades. La expresión "cualquier forma de presión" debe entenderse que abarca no solo la coacción directa y los actos flagrantes de intimidación de los demandantes o de sus representantes legales, sino también otros actos o contactos indirectos indebidos destinados a disuadirlos o desalentarlos de interponer un recurso en virtud del Convenio, o que tengan un "efecto desaliento" sobre el ejercicio del derecho de petición individual de los demandantes y de sus representantes»[165].

---

162 CHYBALSKI, Piotr: «"Chilling Effect" in the Judicial Decisions of the Polish Constitutional Tribunal as an Example of Legal Transplant», *Review of European and Comparative Law*, vol. 48, n.º 1, 2022, p. 216.

163 STEDH, Gran Sala, de 17 de diciembre de 2004, *Cumpǎnǎ y Mazǎre c. Rumanía*, § 114.

164 Art. 34 CEDH: «El Tribunal podrá conocer de una demanda presentada por cualquier persona física, organización no gubernamental o grupo de particulares que se considere víctima de una violación por una de las Altas Partes Contratantes de los derechos reconocidos en el Convenio o sus Protocolos. Las Altas Partes Contratantes se comprometen a no poner traba alguna al ejercicio eficaz de este derecho».

165 STEDH, Sección 1.ª de 7 de junio de 2007, *Nurmagomedov c. Rusia*, § 56. En los mismos términos: STEDH, Sección 4.ª, de 23 de octubre

El efecto desaliento también ha sido vinculado, en alguna ocasión, con la vaguedad de las normas y, por tanto, con la legalidad de las medidas. En la sentencia del caso *Tysiąc c. Polonia*, el TEDH dice que «las disposiciones que regulan la accesibilidad al aborto legal deben formularse de manera que alivien [...] el efecto desaliento [de las normas que prohíben y castigan el aborto] en los médicos al decidir si se cumplen los requisitos del aborto legal en un caso concreto»[166]; lo contrario, la falta de claridad sobre las posibilidades legales de abortar, constituye una violación del derecho al respeto a la vida privada (art. 8 CEDH) de la mujer embarazada que quiere abortar[167]. El mismo planteamiento se mantiene respecto de las legislaciones que permiten la eutanasia[168].

3. EL EFECTO DESALIENTO EN EL DEBATE SOBRE ASUNTOS DE INTERÉS PÚBLICO

En la sentencia del caso *Goodwin c. Reino Unido*, el TEDH, tras recordar «que la libertad de expresión constituye uno de los fundamentos esenciales de una sociedad democrática y que las garantías que deben ofrecerse a la prensa revisten especial importancia», señala:

> «La protección de las fuentes periodísticas es una de las condiciones básicas para la libertad de prensa [...]. Sin dicha protección, las fuentes pueden verse disuadidas de ayudar a la prensa en su tarea de informar al público sobre asuntos de interés público. Como resul-

---

de 2007, *Colibaba c. Moldavia*, § 65; STEDH, Sección 1.ª, de 7 de febrero de 2008, *Mechenkov c. Rusia*, § 116; STEDH, Sección 1.ª, de 19 de julio de 2011, *Buldakov c. Rusia*, § 47; STEDH, Sección 1.ª, de 11 de diciembre de 2012, *Tangiyev c. Rusia*, § 79; STEDH, Sección 1.ª, de 12 de marzo de 2015, *Kopanitsyn c. Rusia*, § 49; STEDH, Sección 5.ª, de 4 de febrero de 2016, *Hilal Mammadov c. Azerbaiyán*, § 116.

166 STEDH, Sección 4.ª, de 20 de marzo de 2007, *Tysiąc c. Polonia*, § 116.

167 *Ibid.*, §§ 128-130

168 *Vid.* STEDH, Sección 2.ª, de 14 de mayo de 2013, *Gross c. Suiza*, §§ 64 y ss.

> tado, el papel vital de la prensa como perro guardián público (*public-watchdog*) puede verse socavado y la capacidad de la prensa para proveer información precisa y fiable puede verse negativamente afectada. Teniendo en cuenta la importancia de la protección de las fuentes periodísticas para la libertad de prensa en una sociedad democrática y el potencial efecto desaliento que una orden de revelación de fuentes tiene sobre el ejercicio de dicha libertad, tal medida no puede ser compatible con el artículo 10 del Convenio, a menos que resulte justificada por una exigencia imperiosa de interés público»[169].

Este fragmento ilustra muy bien el sentido pleno del efecto desaliento en la jurisprudencia europea. La razón por la que una orden judicial de revelación de fuentes se considera, salvo excepciones, incompatible con la libertad de expresión es porque, de admitirse su revelación, «las fuentes [podrían] verse disuadidas de ayudar a la prensa en su tarea de informar al público sobre asuntos de interés público». Esta función beneficiosa para la sociedad que cumple la prensa y que implica el ejercicio de la libertad de expresión es lo que explica que el efecto desaliento sobre tal derecho se repute ilegítimo.

El debate sobre asuntos de interés público es el contexto en el que se plantean la gran mayoría de los casos de efecto desaliento. Los discursos o las expresiones que contribuyen a dicho debate gozan de una protección reforzada[170], existiendo poco margen para su restricción[171]. En

---

169 STEDH, Gran Sala, de 27 de marzo de 1996, *Goodwin c. Reino Unido*, § 39.

170 STEDH, Sección 1.ª, de 20 de abril de 2006, *Raichinov c. Bulgaria*, § 49 («Su opinión [...] podría considerarse que, hasta cierto punto, forma parte de un debate sobre un asunto de interés general, que requiere una protección reforzada en virtud del artículo 10»).

171 STEDH, Sección 5.ª, de 1 de diciembre de 2011, *Schwabe y M.G. c. Alemania*, § 113 («Hay poco margen en virtud del artículo 10 del Convenio —a la luz del cual el artículo 11 debe ser interpretado— para las restricciones del discurso político o del debate sobre cuestiones de interés público»).

este ámbito se debe actuar, pues, con la máxima cautela, evitando que las sanciones o medidas impuestas por los poderes públicos disuadan a los ciudadanos de participar en el referido debate[172].

La libertad de expresión no es el único derecho implicado en supuestos de efecto desaliento sobre el debate público. Muchos casos afectan al derecho de reunión[173], que, «en el ámbito del debate político [...], debe ser examinado a la luz de [...] la libertad de expresión»[174], pues, en tales circunstancias, esto es, cuando su ejercicio «tiene por objeto la expresión de opiniones, así como la necesidad de asegurar un foro para el debate público y la abierta expresión de la protesta»[175], el artículo 10 CEDH opera como «*lex generalis* respecto del artículo 11, *lex specialis*»[176]. En este contexto, las restricciones sobre el ejercicio del derecho de reunión tienen «un gran potencial para disuadir [...] al público de asistir a manifestaciones y, en general, de participar en un debate político abierto»[177]. Y es que

> «la libertad de reunión y el derecho a expresar las propias opiniones a través de ella son valores fundamentales de una sociedad democrática. La esencia de la democracia es su capacidad para resolver problemas a través del debate abierto. Las medidas radicales de carácter preventivo para suprimir la libertad de reunión y de expresión, salvo en los casos de incitación a la vio-

---

172 STEDH, Gran Sala, de 17 de diciembre de 2004, *Cumpǎnǎ y Mazǎre c. Rumanía*, § 111 («El Tribunal también debe actuar con la máxima cautela cuando las medidas adoptadas o las sanciones impuestas por las autoridades nacionales sean tales que disuadan a la prensa de participar en el debate sobre asuntos de legítimo interés público»).

173 Art. 11.1 CEDH: «Toda persona tiene derecho a la libertad de reunión pacífica y a la libertad de asociación, incluido el derecho a fundar, con otras, sindicatos y de afiliarse a los mismos para la defensa de sus intereses».

174 STEDH, Sección 1.ª, de 12 de junio de 2014, *Primov y otros c. Rusia*, § 92.

175 STEDH, Gran Sala, de 15 de octubre de 2015, *Kudrevičius y otros c. Lituania*, § 86.

176 STEDH, Sala, de 26 de abril de 1991, *Ezelin c. Francia*, § 35.

177 STEDH, Sección 1.ª, de 31 de julio de 2014, *Nemtsov c. Rusia*, § 78.

> lencia o rechazo de los principios democráticos —por muy escandalosas o inaceptables que ciertas opiniones o palabras utilizadas les puedan parecer a las autoridades, y por ilegítimas que puedan ser las demandas formuladas—, hacen un flaco favor a la democracia y, a menudo, incluso la ponen en peligro»[178].

Así pues, el ejercicio de la libertad de expresión y del derecho de reunión, en la medida en que contribuye al debate público y salvo que resulte violento o antidemocrático, no debe ser nunca desalentado, sino fomentado, por los poderes públicos.

4. LAS MEDIDAS DESALENTADORAS

La simple alegación del efecto desaliento «no es suficiente para constituir una injerencia en el sentido del artículo 10 del Convenio», debiéndose «aclarar en qué situación concreta se produjo»[179]. Dicho efecto ha de traer causa de «restricciones reales y efectivas»[180], no basarse en «riesgos puramente hipotéticos»[181].

---

178 STEDH, Sección 1.ª, de 2 de octubre de 2001, *Stankov y Organización Macedonia Unida Ilinden c. Bulgaria*, § 97.

179 STEDH, Sección 3.ª, de 28 de junio de 2022, *M.D. y otros c. España*, § 82 («La mera alegación de que las medidas impugnadas tuvieron un "efecto desaliento", sin aclarar en qué situación concreta se produjo tal efecto, no es suficiente para constituir una injerencia a los efectos del artículo 10 del Convenio»).

180 STEDH, Sección 2.ª, de 15 de septiembre de 2015, *Dilipak c. Turquía*, § 50 («El Tribunal considera que los seis años y medio de procesos penales por delitos muy graves seguidos contra el demandante, en parte ante la jurisdicción militar, a la vista del efecto desaliento que tales procedimientos han podido causarle, no pueden considerarse únicamente como riesgos puramente hipotéticos para el demandante, sino que constituyeron restricciones reales y efectivas *per se*»).

181 STEDH, Sección 2.ª, de 4 de mayo de 2021, *Akdeniz y otros c. Turquía*, § 57 («Los "riesgos puramente hipotéticos" de que el demandante experimente un efecto desaliento no son suficientes para constituir una injerencia en el sentido del artículo 10 del Convenio y para reconocerlo como víctima»).

Tales restricciones pueden consistir en medidas adoptadas antes, durante o después del ejercicio del derecho fundamental[182]. Así lo ha establecido de modo muy claro el TEDH en el ámbito del derecho de reunión:

> «El término "restricciones" del artículo 11.2 debe interpretarse en el sentido de que incluye tanto las medidas adoptadas antes o durante una reunión como aquellas, como las medidas sancionadoras, adoptadas después. Por ejemplo, una prohibición previa puede tener un efecto desaliento sobre las personas que tienen la intención de participar en una manifestación y, por tanto, equivale a una injerencia, incluso si la manifestación se celebra posteriormente sin obstáculos por parte de las autoridades. La negativa a permitir que una persona viaje para asistir a una reunión también constituye una injerencia. Lo mismo ocurre con las medidas adoptadas por las autoridades durante una manifestación, como la dispersión de la misma o la detención de los manifestantes, y con las sanciones impuestas por haber participado en una manifestación»[183].

El potencial efecto desaliento de las restricciones es un factor que hay que tener muy en cuenta a la hora de valorar su proporcionalidad[184], que «implica que la persecución de los objetivos mencionados en el artículo 10.2 [o en el artículo 11.2 CEDH] debe sopesarse con el valor del debate abierto sobre temas de interés público»[185]. Esta valoración, que depende, en gran parte, de la naturaleza y la gravedad de las medidas impuestas[186], debe efectuarse «a la luz del

---

182 STEDH, Sala, de 26 de abril de 1991, *Ezelin c. Francia*, § 39 («El término "restricciones" del artículo 11.2 —y del artículo 10.2— no puede interpretarse en el sentido de que no incluye las medidas —por ejemplo, punitivas— adoptadas no antes o durante, sino después de una reunión»).

183 STEDH, Sección 4.ª, de 18 de octubre de 2011, *Singartiyski y otros c. Bulgaria*, § 43.

184 *Vid. supra.*

185 STEDH, Sala, de 22 de febrero de 1989, *Barfod c. Dinamarca*, § 29.

186 STEDH, Gran Sala, de 17 de diciembre de 2004, *Cumpănă y Mazăre c. Rumanía*, § 111 («La naturaleza y la gravedad de las sanciones impuestas son factores que deben ser tomados en cuenta al evaluar

conjunto de las circunstancias del caso»[187] y tomando en consideración «la gran importancia de no disuadir al público, por temor a sanciones penales o de otro tipo, de expresar sus opiniones sobre asuntos de interés público»[188].

4.1. Las penas privativas de libertad

En la sentencia del caso *Cumpănă y Mazăre c. Rumanía*, el TEDH señala:

> «La imposición de una pena de prisión por un delito de prensa solo será compatible con la libertad de expresión de los periodistas garantizada por el artículo 10 del Convenio en circunstancias excepcionales, especialmente cuando otros derechos fundamentales se hayan visto gravemente afectados, como, por ejemplo, en el caso del discurso del odio o de incitación a la violencia»[189].

Y añade:

> «Las circunstancias del presente caso —un caso clásico de difamación de una persona en el contexto de un debate sobre un asunto de legítimo interés público— no justifican en modo alguno la imposición de una pena de prisión. Dicha sanción, por su propia naturaleza, tendrá inevitablemente un efecto desaliento, y el hecho de que los demandantes no hayan cumplido su pena de prisión no altera esa conclusión, dado que los indultos individuales que recibieron son medidas sujetas al poder discrecional del Presidente de Rumanía; además, aunque tales actos de clemencia dispensan a las personas condenadas de tener que cumplir su pena, no anulan su condena»[190].

---

la proporcionalidad de una injerencia en la libertad de expresión garantizada por el artículo 10»).

187 STEDH, Sala, de 22 de febrero de 1989, *Barfod c. Dinamarca*, § 28.

188 *Ibid.*, § 29.

189 STEDH, Gran Sala, de 17 de diciembre de 2004, *Cumpănă y Mazăre c. Rumanía*, § 115.

190 *Ibid.*, § 116.

Los dos párrafos citados constituyen la base sobre la que se analizan los casos de difamación en el contexto de un debate sobre asuntos de interés público, los principales supuestos en los que se plantea la cuestión del efecto desaliento en la jurisprudencia del TEDH, junto con los casos de restricciones o sanciones impuestas a manifestantes pacíficos. En este ámbito, la sentencia del caso *Kudrevičius y otros c. Lituania* se pronuncia en términos igualmente restrictivos:

> «En principio, una manifestación pacífica no debe estar sujeta a la amenaza de una sanción penal y, en particular, a la privación de libertad. Así pues, el Tribunal debe examinar con especial cuidado los casos en los que las sanciones impuestas por las autoridades nacionales por conductas no violentas impliquen una pena de prisión»[191].

Por tanto, en un contexto reivindicativo o de exposición de opiniones sobre asuntos de interés público, las penas de prisión resultan, en principio, ilegítimas, al entender el TEDH que «una sanción de este tipo, por su propia naturaleza, producirá inevitablemente un efecto desaliento»[192].

4.1.1. Penas privativas de libertad distintas de las penas de prisión

La sentencia del caso *Cumpănă y Mazăre c. Rumanía* se refiere únicamente a las «penas de prisión». De este modo, se plantea la duda de si la prohibición general de este tipo de penas en casos de difamación en el contexto de un debate sobre asuntos de interés público se extiende o no a otras penas privativas de libertad.

---

191 STEDH, Gran Sala, de 15 de octubre de 2015, *Kudrevičius y otros c. Lituania*, § 146.

192 STEDH, Gran Sala, de 17 de diciembre de 2004, *Cumpănă y Mazăre c. Rumanía*, § 116.

En la sentencia del caso *Sallusti c. Italia*, el TEDH hace extensible dicha prohibición a todas las penas privativas de libertad, al señalar:

> «La imposición de una pena privativa de libertad (incluso suspendida) por un delito relacionado con los medios de comunicación solo será compatible con la libertad de expresión de los periodistas garantizada por el artículo 10 del Convenio en circunstancias excepcionales, especialmente cuando otros derechos fundamentales se hayan visto gravemente afectados, como, por ejemplo, en el caso del discurso del odio o de incitación a la violencia»[193].

Como se puede observar, el fragmento citado es prácticamente idéntico al contenido en el § 115 de la sentencia *Cumpănă y Mazăre c. Rumanía*, solo que ahora referido a «la imposición de una pena privativa de libertad» y no a «la imposición de una pena de prisión». Por tanto, tras la sentencia del caso *Sallusti c. Italia*, cabe entender que, en los casos de difamación en el contexto de un debate sobre asuntos de interés público, las penas privativas de libertad solo resultan legítimas en circunstancias excepcionales.

En los casos de restricciones o sanciones impuestas a manifestantes pacíficos, la prohibición general de penas privativas de libertad aparece reflejada en la propia sentencia del caso *Kudrevičius y otros c. Lituania*, que dice que «en principio, una manifestación pacífica no debe estar sujeta a la amenaza de una sanción penal y, en particular, a la privación de libertad»[194].

4.1.2. Penas privativas de libertad no ejecutadas

Para valorar el efecto desaliento de las penas privativas de libertad, el TEDH tiene en cuenta la existencia misma

---

[193] STEDH, Sección 1.ª, de 7 de marzo de 2019, *Sallusti c. Italia*, § 59.

[194] STEDH, Gran Sala, de 15 de octubre de 2015, *Kudrevičius y otros c. Lituania*, § 146.

de una condena, aun cuando no haya sido ejecutada, pues «el hecho de que los demandantes no hayan cumplido su pena de prisión no altera» el inevitable efecto desaliento de dicha sanción[195]. Así lo señala la sentencia del caso *Malisiewicz-Gąsior c. Polonia*:

> «Lo importante aquí no es que no se haya ejecutado su pena de prisión, sino que la demandante haya sido condenada. Además, la decisión de no ejecutar la pena de prisión no anula su condena ni sus antecedentes penales»[196].

Por tanto, la prohibición general de las penas privativas de libertad se extiende a las suspendidas[197] y a las indultadas[198]. Ni la suspensión ni el indulto comportan la cancelación de la condena ni de los antecedentes penales.

La amnistía, en cambio, sí que supone la cancelación tanto de la condena como de los antecedentes penales. A pesar de ello, la sentencia del caso *Mahmudov y Agazade c. Azerbaiyán* también incluye las penas de prisión amnistiadas en la prohibición general de penas privativas de libertad en

---

195 STEDH, Gran Sala, de 17 de diciembre de 2004, *Cumpănă y Mazăre c. Rumanía*, § 116.

196 STEDH, Sección 1.ª, de 6 de abril de 2006, *Malisiewicz-Gąsior c. Polonia*, § 68.

197 STEDH, Sección 1.ª, de 5 de noviembre de 2020, *Balaskas c. Grecia*, § 61 («Las circunstancias del presente caso —un ejemplo clásico de crítica de una persona conocida en una comunidad local en el contexto de un debate sobre un asunto de interés público— no justificaban la imposición de una pena de prisión. Dicha sanción, por su propia naturaleza, tendrá inevitablemente un efecto desaliento sobre el debate público, y la circunstancia de que la condena del demandante fue de hecho suspendida no altera esa conclusión, en particular porque la condena en sí misma no fue cancelada»).

198 STEDH, Sección 1.ª, de 7 de marzo de 2019, *Sallusti c. Italia*, § 62 («El hecho de que la pena de prisión del demandante haya sido suspendida no altera dicha conclusión, teniendo en cuenta que la conmutación individual de una pena de prisión por una multa es una medida sujeta al poder discrecional del Presidente de la República Italiana. Además, si bien tal acto de clemencia dispensa a los condenados de tener que cumplir su pena, no anula su condena»).

los casos de difamación en el contexto de un debate sobre asuntos de interés público:

> «El hecho de que los demandantes no cumplieran su pena de prisión y de que sus condenas fueran canceladas no altera esta conclusión [el efecto desaliento de las penas de prisión sobre el ejercicio de la libertad periodística], dado que se les eximió de cumplir su condena únicamente debido a la afortunada coincidencia de una ley de amnistía que se aplicó a una amplia variedad de casos penales en el período de tiempo correspondiente y que no se adoptó con el objetivo específico de reparar la situación particular de los demandantes»[199].

4.1.3. Penas cuyo incumplimiento determina privación de libertad

En la sentencia del caso *Benítez Moriana e Iñigo Fernández c. España*, el TEDH amplía la prohibición general de penas privativas de libertad en los casos de difamación en el contexto de un debate sobre asuntos de interés público a las penas de multa con responsabilidad personal subsidiaria:

> «La pena alternativa de privación de libertad podría haberse impuesto en caso de que se hubiera dejado de abonar la multa. Este tipo de sanciones penales, por su propia naturaleza, producirán inevitablemente un efecto desaliento»[200].

4.1.4. Prisión provisional

La prisión provisional, en la medida en que comporta privación de libertad de cierta duración, recibe el mismo trato que las penas de prisión impuestas por delitos cometidos en el contexto de un debate sobre asuntos de interés

---

199 STEDH, Sección 1.ª, de 18 de diciembre de 2008, *Mahmudov y Agazade c. Azerbaiyán*, § 51.

200 STEDH, Sección 3.ª, de 9 de marzo de 2021, *Benítez Moriana e Iñigo Fernández c. España*, § 59.

público. La sentencia del caso *Şahin Alpay c. Turquía* advierte sobre el efecto desaliento que puede provocar este tipo de medidas:

> «La prisión preventiva de toda persona que exprese opiniones críticas produce una serie de efectos adversos, tanto para los propios detenidos como para la sociedad en su conjunto, ya que la imposición de una medida privativa de libertad, como en el presente caso, tendrá inevitablemente un efecto desaliento sobre la libertad de expresión al intimidar a la sociedad civil y silenciar las voces disidentes. El Tribunal observa, además, que un efecto desaliento de este tipo puede producirse incluso cuando el detenido es posteriormente absuelto»[201].

En estos casos, la prisión provisional no constituye «un riesgo puramente hipotético, sino [...] una coacción real y efectiva y, [...] por tanto, [...] una injerencia en el ejercicio del derecho a la libertad de expresión del demandante garantizado por el artículo 10 del Convenio»[202].

4.1.5. Excepciones

En los casos de difamación en el contexto de un debate sobre asuntos de interés público, las penas privativas de libertad solo se consideran legítimas «en circunstancias excepcionales, especialmente cuando otros derechos fundamentales se [ven] gravemente afectados, como, por ejemplo, en el caso del discurso del odio o de incitación a la violencia»[203]. En estos supuestos, sin embargo, cuando el TEDH ha avalado la imposición de penas privativas de libertad es porque ha entendido que la conducta sancionada no contribuyó a ningún debate sobre asuntos de

---

201 STEDH, Sección 2.ª, de 20 de marzo de 2018, *Şahin Alpay c. Turquía*, § 182.

202 STEDH, Sección 2.ª, de 8 de julio de 2014, *Şık c. Turquía*, § 85.

203 STEDH, Sección 1.ª, de 7 de marzo de 2019, *Sallusti c. Italia*, § 59.

interés público[204], con lo que no constituyen propiamente excepciones a la prohibición general de penas privativas de libertad en el referido contexto, sino, más bien, situaciones excluidas del mismo.

En el ámbito de las manifestaciones pacíficas, las penas privativas de libertad han sido admitidas en supuestos de alteración del orden público y, en especial, de cortes de carreteras. La primera vez que el TEDH negó la existencia de una violación del artículo 11 CEDH por la imposición de penas privativas de libertad a manifestantes que intervienen en esta clase de acciones fue en la sentencia del caso *Barraco c. Francia*[205], que consideró proporcionada la condena del demandante a una pena suspendida de tres meses de prisión por provocar, junto con otros manifestantes, el bloqueo total del tráfico en una autopista, pues se trata de un hecho que «va más allá de las simples molestias que provoca cualquier manifestación en la vía pública»[206]. Al respecto, la sentencia del caso *Kudrevičius y otros c. Lituania* señala:

> «La estructuración de una manifestación, o de parte de ella, de forma que perturbe la vida ordinaria y otras actividades en un grado superior al inevitable en las circunstancias del caso constituye una conducta que no puede gozar de la misma protección privilegiada en virtud del Convenio que las expresiones políticas o el debate sobre cuestiones de interés público o la manifestación pacífica de opiniones sobre dichos asuntos»[207].

Pero el contexto reivindicativo en el que se produce la alteración del orden público influye en la valoración de la

---

204 *Vid.* STEDH, Sección 3.ª, de 11 de mayo de 2021, *Kilin c. Rusia*, §§ 82 y 94.

205 STEDH, Sección 5.ª, de 5 de marzo de 2009, *Barraco c. Francia*, §§ 46-49.

206 *Ibid.*, § 47.

207 STEDH, Gran Sala, de 15 de octubre de 2015, *Kudrevičius y otros c. Lituania*, § 156.

proporcionalidad de la pena[208]. En este sentido, hay que tener en cuenta que tanto en el caso *Barraco c. Francia* como en el caso *Kudrevičius y otros c. Lituania* las penas privativas de libertad que se impusieron a los demandantes fueron de corta duración —sesenta días, en el segundo caso—, sin que ninguna de ellas llegara a ejecutarse. En cambio, en la sentencia del caso *Taranenko c. Rusia,* se consideró incompatible con los artículos 10 y 11 CEDH la condena de la demandante a una pena de prisión de tres años, suspendida por igual tiempo, previo encarcelamiento preventivo de un año, por participar en unos disturbios que tuvieron lugar, en señal de protesta, en un edificio del gobierno ruso. El TEDH concluyó que

> «si bien las exigencias de orden público podrían haber justificado una sanción por las acciones de la demandante, el largo período de prisión provisional y la larga pena de prisión suspendida que se le impuso no fueron proporcionales al objetivo legítimo perseguido. El Tribunal considera que la sanción extraordinariamente severa impuesta en el presente caso debe haber tenido un efecto desaliento sobre la demandante y otras personas que toman parte en acciones de protesta»[209].

Por tanto, las penas privativas de libertad que se imponen por perturbaciones del orden público ocasionadas en el contexto de una manifestación pacífica solo se reputan legítimas cuando revisten escasa gravedad.

4.2. *Las penas privativas del derecho a ejercer la profesión periodística*

En el caso de la libertad de expresión de los periodistas, también resultan, en principio, injustificadas las penas privativas del derecho a ejercer dicha profesión. Así lo ha declarado la sentencia del caso *Kaperzyński c. Polonia*:

---

208 *Ibid.*, §§ 178 y ss.

209 STEDH, Sección 1.ª, de 15 de mayo de 2014, *Taranenko c. Rusia,* § 95.

> «El Tribunal estima que una condena penal que priva a un profesional de los medios de comunicación del derecho a ejercer su profesión debe considerarse muy severa. Además, dicha sanción acentúa el mencionado peligro de crear un efecto desaliento en el ejercicio del debate público. Una condena de este tipo impuesta a un periodista solo puede decirse que tiene un enorme potencial efecto disuasorio para un debate público abierto y sin trabas sobre asuntos de interés público»[210].

4.3. Otras penas

Las demás sanciones penales impuestas a quienes participan en el debate sobre asuntos de interés público —principalmente, multas— no son, de entrada, ilegítimas, pero requieren una «justificación especial»[211], sin la cual se reputarán no «necesarias en una sociedad democrática» y, por tanto, vulneradoras del artículo 10 u 11 CEDH. Y es que «una condena penal es una sanción grave, teniendo en cuenta la existencia de otros medios de intervención y de reacción, especialmente las medidas civiles»[212].

Para el TEDH, el carácter «penal» de una sanción no viene determinado por la calificación que tenga en el ordenamiento jurídico interno, sino «por el alcance general de la infracción» y por su finalidad «punitiva y disuasoria»[213]. También se tiene en cuenta «el grado de severidad de la sanción», incluyéndose en la esfera penal las sanciones privativas de libertad, salvo las que tengan «una duración de-

---

210 STEDH, Sección 4.ª, de 3 de abril de 2012, *Kaperzyński c. Polonia*, § 74.

211 STEDH, Gran Sala, de 15 de octubre de 2015, *Kudrevičius y otros c. Lituania*, § 146 («Cuando las sanciones impuestas a los manifestantes son de carácter penal, requieren una justificación especial»).

212 STEDH, Sección 2.ª, de 5 de diciembre de 2017, *Frisk y Jensen c. Dinamarca*, § 77.

213 STEDH, Gran Sala, de 15 de noviembre de 2018, *Navalnyy c. Rusia*, § 79.

masiado breve», como, por ejemplo, dos días de arresto[214]. Por tanto, se consideran «penales» las sanciones administrativas, en la medida en que tienen «un carácter punitivo y disuasorio»[215] y se dirigen «a toda la población y no a un grupo que posee un estatus especial»[216], y las sanciones disciplinarias privativas de libertad de cierta duración.

En algunos casos, el marco del debate público en el que se inserta la conducta del demandante determina la ilegitimidad de cualquier sanción penal. En este sentido, el TEDH ha señalado que «el carácter relativamente moderado de una multa no basta para que desaparezca» el efecto desaliento de la sanción en el ejercicio de la libertad de expresión[217], pues «lo que importa no es tanto la gravedad de la pena impuesta al demandante como el hecho mismo de haber sido condenado penalmente»[218].

En otros casos, la legitimidad de la sanción penal depende del *quantum* de la pena. Por ejemplo, en el caso *Bodalev c. Rusia*, el TEDH consideró desproporcionada la pena de multa de 493 euros impuesta al demandante por un delito cometido en el ejercicio de la libertad de reunión, dado que el importe de la multa que se le impuso era el máximo contemplado legalmente[219]. En cambio, en la sentencia del caso *Ruokanen y otros c. Finlandia*, las penas de multa de 3540 euros y 1920 euros impuestas a los demandantes, ambos periodistas, por un delito de difamación cometido

214 STEDH, Pleno, de 8 de junio de 1976, *Engel y otros c. Países Bajos*, §§ 82 y 85.

215 STEDH, Sección 1.ª, de 19 de noviembre de 2015, *Mikhaylova c. Rusia*, § 64.

216 *Ibid.*, § 59.

217 STEDH, Sección 3.ª, de 7 de junio de 2007, *Dupuis y otros c. Francia*, § 48.

218 STEDH, Gran Sala, de 15 de octubre de 2015, *Perinçek c. Suiza*, § 273.

219 STEDH, Sección 3.ª, de 6 de septiembre de 2022, *Bodalev c. Rusia*, § 93.

en ejercicio de la libertad de expresión no se consideraron desproporcionadas[220].

4.4. *Sometimiento a procesos penales*

En algunos casos, el mero sometimiento a procesos penales por comportamientos enmarcados en el ejercicio de la libertad de expresión o del derecho de reunión se ha considerado contrario a los artículos 10 u 11 CEDH bajo el argumento del efecto desaliento. Por ejemplo, en el caso *Dilipak c. Turquía*, el TEDH declaró la existencia de una violación del artículo 10 CEDH por «procesar al demandante por delitos graves durante un período de tiempo considerable», al entender que ello provocó «un efecto desaliento sobre el deseo del demandante de expresar sus opiniones sobre asuntos de interés público»[221]. En tal contexto,

> «la iniciación de tales procedimientos es susceptible de crear un clima de autocensura que afecte tanto [al demandante] como a los demás periodistas que puedan plantearse comentar las acciones y declaraciones de los miembros de las fuerzas armadas relacionadas con la política general del país»[222].

El potencial efecto desaliento de los procedimientos penales no comprende «riesgos puramente hipotéticos», sino «restricciones reales y efectivas *per se*», dado que el demandante debe «permanecer pendiente durante períodos de tiempo considerables»[223]. En estos casos, «la absolución del demandante de todos los procedimientos abiertos contra él simplemente p[one] fin a los mencionados riesgos, pero no modific[a] el hecho de que esos riesgos ha[yan]

---

220 STEDH, Sección 4.ª, de 6 de abril de 2010, *Ruokanen y otros c. Finlandia*, §§ 49-51.

221 STEDH, Sección 2.ª, de 15 de septiembre de 2015, *Dilipak c. Turquía*, § 70.

222 *Idem.*

223 STEDH, Sección 2.ª, de 12 de marzo de 2019, *Ali Gürbüz c. Turquía*, § 68.

sometido al demandante a presiones durante un período de tiempo considerable»[224].

4.5. Medidas extrapenales

Para proteger los derechos e intereses incluidos en los artículos 10.2 y 11.2 CEDH frente a comportamientos que se enmarcan en el debate sobre asuntos de interés público, es preferible, por tanto, acudir a remedios extrapenales. Ahora bien, este tipo de medidas también puede desalentar el ejercicio de la libertad de expresión o del derecho de reunión, de modo que deben ser examinadas «con la máxima cautela»[225] y sin olvidar el «escaso margen» que existe «para las restricciones del discurso político o del debate sobre asuntos de interés público»[226].

4.5.1. Sanciones disciplinarias

En la jurisprudencia del TEDH, el efecto desaliento de las sanciones disciplinarias se ha planteado, principalmente, en dos grupos de casos: los casos de sanciones a jueces por opinar sobre asuntos de interés público y los casos de sanciones a abogados por realizar comentarios ofensivos sobre jueces. Dentro del primer grupo de casos, podemos destacar la sentencia del caso *Kudeshkina c. Rusia*, en la que se consideró que la sanción disciplinaria de inhabilitación impuesta a una jueza por insinuar en varias entrevistas que los órganos jurisdiccionales rusos actuaban bajo la presión de grupos poderosos fue «desproporcionadamente severa», teniendo en cuenta el efecto desaliento que podía provocar dicha sanción «en los jueces que desearan participar

---

224 *Idem.*

225 STEDH, Gran Sala, de 17 de diciembre de 2004, *Cumpănă y Mazăre c. Rumanía*, § 111.

226 STEDH, Sección 5.ª, de 1 de diciembre de 2011, *Schwabe y M.G. c. Alemania*, § 113.

en el debate público sobre la eficacia de las instituciones judiciales»[227]. También se han considerado contrarias al artículo 10 CEDH sanciones disciplinarias más leves, incluida la amonestación[228]; no, en cambio, la simple incoación de un procedimiento disciplinario a instancias de un sujeto privado[229].

En cuanto al segundo grupo de supuestos, cabe apuntar que aquí el efecto desaliento no va referido a ningún debate sobre asuntos de interés público, sino al «ejercicio de las funciones de defensa de los abogados»[230]. En estos casos, la sanción disciplinaria de inhabilitación para el ejercicio de la abogacía «no puede sino considerarse como una sanción severa, capaz de tener un efecto desaliento en el desempeño por parte de los abogados de sus funciones de defensa»[231]. También se ha considerado desproporcionada y contraria al artículo 10 CEDH una sanción de amonestación, acompañada de inhabilitación para ser miembro de colegios profesionales durante un período de 5 años[232].

---

227 STEDH, Sección 1.ª, de 26 de febrero de 2009, *Kudeshkina c. Rusia*, § 100.

228 STEDH, Sección 1.ª, de 15 de octubre de 2020, *Guz c. Polonia*, §§ 95-98.

229 STEDH, Sección 3.ª, de 28 de junio de 2022, *M.D. y otros c. España*, § 90 («No se puede inferir ningún tipo de sanción o efecto desaliento por el mero hecho de que tuviese lugar un procedimiento disciplinario, teniendo en cuenta su resultado [el archivo] y también el hecho de que no se iniciara de oficio por el Consejo General del Poder Judicial, sino como consecuencia de la denuncia presentada por un tercero»).

230 STEDH, Sección 1.ª, de 3 de febrero de 2011, *Igor Kabanov c. Rusia*, § 57.

231 STEDH, Sección 5.ª, de 25 de junio de 2020, *Bagirov c. Azerbaiyán*, § 83.

232 STEDH, Sección 5.ª, de 15 de diciembre de 2015, *Bono c. Francia*, § 55.

4.5.2. Indemnizaciones de daños y perjuicios

En los casos de responsabilidad civil por difamación en el contexto del debate sobre asuntos de interés público, el efecto desaliento suele apreciarse cuando las indemnizaciones de daños y perjuicios son cuantiosas. Por ejemplo, en el caso *Azadliq y Zayidov c. Azerbaiyán,* donde un periódico y su jefe de redacción fueron condenados a pagar, en concepto de daños y perjuicios, unos 36 000 euros y otros 22 500 euros, respectivamente, a un político al que difamaron, el TEDH consideró que «las cantidades otorgadas fueron desproporcionadamente elevadas en las circunstancias del caso», añadiendo:

> «En estas circunstancias, era de suma importancia que los tribunales nacionales examinaran si sanciones de esta severidad podrían tener un efecto desaliento en el ejercicio de la libertad de expresión por parte de la prensa, que está llamada a participar en debates sobre asuntos de interés público general. Sin embargo, las sentencias de los tribunales nacionales guardaron silencio en relación con los argumentos planteados por los demandantes a este respecto. Los tribunales nacionales no motivaron sus decisiones de conceder esas cantidades en concreto y no se ha demostrado que llevaran a cabo una valoración adecuada de la proporcionalidad de las sanciones impuestas»[233].

En la misma línea, la sentencia del caso *Rashkin c. Rusia* consideró desproporcionada la sanción civil consistente en la obligación de pagar una indemnización de más de 25 000 euros por daños morales impuesta a un parlamentario del Partido Comunista que insinuó que el vicepresidente de la Duma estatal había cometido crímenes contra el pueblo ruso. En este caso, los órganos jurisdiccionales nacionales justificaron la cuantía tan alta de la indemnización en el hecho de que la víctima de la difamación «era un político y

---

233 STEDH, Sección 5.ª, de 30 de junio de 2022, *Azadliq y Zayidov c. Azerbaiyán,* § 49.

una figura pública muy famosa», en contra de lo que marca la jurisprudencia del TEDH:

> «Esta postura no encaja con el planteamiento del Convenio conforme al cual las figuras políticas prominentes, como un parlamentario del partido gobernante en el presente caso, deben estar dispuestas a tolerar críticas enérgicas y no pueden reclamar el mismo nivel de protección que un particular desconocido para el público, especialmente cuando la declaración no se refiera a su vida privada ni se inmiscuya en su intimidad»[234].

4.5.3. Otras medidas desalentadoras

Otras medidas que el TEDH ha considerado que pueden desalentar la participación en el debate público son las órdenes de revelación de fuentes periodísticas[235]; la obligación de retractarse[236]; la prohibición de celebrar reuniones[237]; la detención de manifestantes[238]; el uso de fuerza

---

234 STEDH, Sección 3.ª, de 7 de julio de 2020, *Rashkin c. Rusia*, § 20.

235 STEDH, Gran Sala, de 27 de marzo de 1996, *Goodwin c. Reino Unido*, § 39.

236 STEDH, Sección 2.ª, de 1 de diciembre de 2009, *Karsai c. Hungría*, § 36 («En el presente caso, es cierto que el demandante fue objeto de sanciones civiles, no penales. Sin embargo, [el Tribunal] considera que la medida impuesta al demandante, esto es, el deber de retractarse en un asunto que afecta a su credibilidad profesional como historiador, es susceptible de producir un efecto desaliento»).

237 STEDH, Sección 4.ª, de 3 de mayo de 2007, *Bączkowski y otros c. Polonia*, § 67 («El Tribunal observa que las denegaciones de autorización podrían haber tenido un efecto desaliento sobre los demandantes y otros participantes en las reuniones. También podría haber disuadido a otras personas de participar en ellas por no contar con autorización oficial y porque, en consecuencia, las autoridades no garantizarían ninguna protección oficial contra posibles contramanifestantes hostiles»).

238 STEDH, Sección 1.ª, de 31 de julio de 2014, *Nemtsov c. Rusia*, §§ 77-78 («Los procedimientos administrativos incoados contra el demandante y su consiguiente detención [...] tenían un gran potencial para disuadir a otros opositores y al público de asistir a manifestaciones y, en general, de participar en un debate político abierto»).

excesiva contra ellos[239]; o el anuncio de un Jefe del Estado de no volver a nombrar a un juez para un cargo público por haber expresado una opinión política[240].

5. EL TRATAMIENTO DE LA EXCESIVA AMPLITUD DE LAS NORMAS

En el caso *Vajnai c. Hungría*, el TEDH declaró que la norma penal que prohibía exhibir la estrella roja era «demasiado amplia, en vista de los múltiples significados» que posee dicho símbolo[241]. Las autoridades húngaras justificaron la prohibición en que en la historia reciente de Hungría la estrella roja simbolizaba «un régimen totalitario caracterizado por ideologías y prácticas que han justificado violaciones masivas de los derechos humanos y la toma violenta del poder», de modo que «llevar este símbolo en público equivalía a identificarse con las ideologías de carácter totalitario que caracterizaban a las dictaduras comunistas, y a tener la intención de propagarlas»[242]. El TEDH «es consciente de que las conocidas violaciones masivas de los de-

---

239 STEDH, Sección 3.ª, de 13 de octubre de 2020, *Zakharov y Varzhabetyan c. Rusia*, § 90 («El Gobierno no ha presentado ninguna explicación de por qué se tuvo que aplicar la fuerza con respecto a los demandantes, que no fueron detenidos y no participaron en ningún acto de violencia. A la luz de que la fuerza empleada con respecto a los demandantes fue innecesaria y excesiva [...], [el Tribunal] considera que "no era necesaria en una sociedad democrática" en el sentido del artículo 11.2 del Convenio. Además, podría haber tenido un efecto desaliento y disuadido a los demandantes y a otros de participar en reuniones públicas similares»).

240 STEDH, Gran Sala, de 28 de octubre de 1999, *Wille c. Liechtenstein*, § 50 («El anuncio por parte del Príncipe de su intención de no volver a nombrar al demandante para un cargo público constituyó una reprimenda por el ejercicio previo por parte del demandante de su derecho a la libertad de expresión y, además, tuvo un efecto desaliento sobre el ejercicio por parte del demandante de su libertad de expresión, ya que podía disuadirle de hacer declaraciones de este tipo en el futuro»).

241 STEDH, Sección 2.ª, de 8 de julio de 2008, *Vajnai c. Hungría*, § 54.

242 *Ibid.*, § 40.

rechos humanos perpetradas bajo el comunismo desacreditaron el valor simbólico de la estrella roja», pero añade que «esta estrella también simboliza el movimiento obrero internacional, que lucha por una sociedad más justa, así como ciertos partidos políticos legales activos en diferentes Estados miembros»[243], y lanza el siguiente reproche al Gobierno de Hungría:

> «El Gobierno no ha demostrado que llevar la estrella roja signifique exclusivamente una identificación con ideas totalitarias, especialmente si se tiene en cuenta que el demandante lo hizo en una manifestación pacífica organizada legalmente en su calidad de vicepresidente de un partido político de izquierdas registrado, sin intención conocida de participar en la vida política húngara desafiando el Estado de derecho»[244].

Por ello, el TEDH considera que «la prohibición de que se trata es demasiado amplia en vista de los múltiples significados de la estrella roja», pudiendo «abarcar actividades e ideas que pertenecen claramente al ámbito de protección del artículo 10» y sin que exista «una forma satisfactoria de separar los diferentes significados del símbolo incriminado»[245]. Pero, «incluso si tales distinciones hubieran existido, podrían haber surgido incertidumbres que implicarían un efecto desaliento sobre la libertad de expresión y la autocensura»[246].

Esta forma de razonar recuerda a la doctrina de la excesiva amplitud: la norma penal que castiga a quien exhibe la estrella roja se considera ilegítima porque en su ámbito de aplicación tienen cabida comportamientos protegidos por la libertad de expresión, lo que puede desalentar el ejercicio de este derecho. Ahora bien, mientras que en la jurisprudencia estadounidense la excesiva amplitud sustancial de una norma determina su nulidad, la sentencia

---

243 *Ibid.*, § 52.

244 *Ibid.*, § 53.

245 *Ibid.*, § 54.

246 *Idem.*

Vajnai c. Hungría no se pronuncia sobre la validez de la referida norma, sino que el examen y constatación de su excesiva amplitud le sirve para concluir que «la condena del demandante por el mero hecho de haber llevado una estrella roja no puede considerarse que haya respondido a una "necesidad social apremiante"», declarando, en consecuencia, la existencia de «una violación del artículo 10 del Convenio»[247].

Otra sentencia en la que el TEDH ha analizado la excesiva amplitud de una norma penal es la del caso *Altuğ Taner Akçam c. Turquía.* En esta ocasión, la norma analizada, el artículo 301 del Código penal turco, castiga con pena de prisión de hasta dos años a «quien denigre públicamente la nación turca [antes de la reforma de 2008: "la turquedad"], la República de Turquía o la Gran Asamblea Nacional de Turquía». Para el TEDH,

> «si bien el objetivo del legislador de proteger y preservar los valores y las instituciones del Estado de la denigración pública puede aceptarse hasta cierto punto, el alcance de los términos del artículo 301 del Código Penal, tal y como los interpreta el poder judicial, es demasiado amplio y vago, por lo que la disposición constituye una amenaza continua para el ejercicio del derecho a la libertad de expresión. En otras palabras, la redacción de la disposición no permite a los particulares regular su conducta ni prever las consecuencias de sus actos. Como se desprende del número de investigaciones y procesamientos iniciados en virtud de esta disposición, cualquier opinión o idea que se considere ofensiva, escandalosa o perturbadora puede ser fácilmente objeto de una investigación penal por parte de los fiscales»[248].

Por ello, el TEDH considera que dicha norma «no cumple con la "calidad de la ley" exigida [...], ya que sus términos inaceptablemente amplios comportan una falta de pre-

---

247 *Ibid.*, § 58.

248 STEDH, Sección 2.ª, de 25 de octubre de 2011, *Altuğ Taner Akçam c. Turquía*, § 93.

visibilidad en cuanto a sus efectos»[249]. De ahí que concluya que «la interferencia en cuestión [una investigación penal contra el demandante que acabó siendo archivada] no estaba prevista en la ley» y que, por tanto, «ha habido una violación del artículo 10 del Convenio»[250]. Nuevamente lo que se valora es la restricción en la libertad de expresión del demandante por la aplicación de dicha norma, pero en este caso, a diferencia del anterior, no se analiza la cuestión desde el plano de la proporcionalidad de la condena, sino desde el de la previsibilidad de la propia norma.

En una sentencia posterior, la del caso *Dilipak c. Turquía*, el TEDH ha reconocido que «la existencia de una legislación que suprima de manera muy amplia la expresión de determinados tipos de opiniones, llevando a los potenciales autores a adoptar una especie de autocensura, puede constituir una injerencia en la libertad de expresión»[251]. Se deja, así, abierta la posibilidad de acudir al TEDH para impugnar una norma por el simple hecho de que pueda desalentar el ejercicio de la libertad de expresión, sin que se requiera que el demandante se haya visto directamente afectado por su aplicación.

6. EL EFECTO DESALIENTO POR INCUMPLIMIENTO DE OBLIGACIONES POSITIVAS

La práctica totalidad de los casos de efecto desaliento analizados por el TEDH tienen su origen en alguna medida restrictiva del ejercicio de la libertad de expresión o del derecho de reunión adoptada por los poderes públicos. Como excepción, destaca la sentencia del caso *Khadija Ismayilova c. Azerbaiyán*, que declaró la existencia de una

---

249 *Ibid.*, § 95.

250 *Ibid.*, § 96.

251 STEDH, Sección 2.ª, de 15 de septiembre de 2015, *Dilipak c. Turquía*, § 47.

violación del artículo 10 CEDH por no haber cumplido el Estado demandado «su obligación positiva de proteger a la demandante en el ejercicio de su libertad de expresión»[252]. Para llegar a esta conclusión, se tomaron en cuenta «los informes de agresiones físicas y otros tipos de persecución de periodistas, y el clima de impunidad percibido por tales actos, ya que, según se informa, los responsables rara vez, o nunca, han sido llevados ante la justicia», generando un ambiente que

> «puede producir un grave efecto desaliento sobre la libertad de expresión y el papel de "perro guardián público" de los periodistas y otros actores de los medios de comunicación, así como sobre el debate público abierto y vigoroso, todo ello esencial en una sociedad democrática»[253].

En este caso, la demandante era una conocida periodista de investigación que había recibido cartas amenazantes y había sufrido varios ataques a su intimidad —colocación de cámaras ocultas en su apartamento y difusión de vídeos íntimos grabados sin su consentimiento— tras haber informado sobre corrupción y violaciones de los derechos humanos en Azerbaiyán. El TEDH consideró que esos «actos de naturaleza delictiva cometidos contra la demandante aparentemente estaban vinculados con su actividad periodística», pues de las circunstancias del caso no se desprende «ningún otro motivo plausible para el acoso al que tuvo que enfrentarse»[254]. Por ello, tales actos «deberían haber sido tratados por las autoridades durante la investigación como si pudieran haber estado relacionados» con dicha actividad[255]. La situación exigía, en definitiva, que el Estado demandado hubiera tomado medidas positivas para prote-

---

252 STEDH, Sección 5.ª, de 10 de enero de 2019, *Khadija Ismayilova c. Azerbaiyán*, § 166.

253 *Ibid.*, § 161.

254 *Ibid.*, § 161.

255 *Ibid.*, § 164.

ger la libertad de expresión de la demandante[256], lo que no hizo, pues, «aunque las autoridades iniciaron una investigación penal en relación con los actos cometidos contra la demandante, hubo deficiencias y retrasos significativos en la forma en que investigaron el caso»[257].

7. CONCLUSIÓN

En la jurisprudencia del TEDH, el efecto desaliento es tratado, principalmente, como un elemento para valorar la proporcionalidad de las injerencias en los derechos fundamentales, en especial en la libertad de expresión (art. 10 CEDH) y en el derecho de reunión (art. 11 CEDH). En la medida en que el ejercicio de estos derechos contribuye al debate sobre asuntos de interés público, su disuasión se considera perjudicial para el conjunto de la sociedad, por lo que hay poco margen para su restricción.

La imposición de penas privativas de libertad a quienes participan en un debate sobre asuntos de interés público resulta, en principio, ilegítima, y las demás sanciones penales en dicho contexto requieren una justificación especial, sin la cual se considerarán no «necesarias en una sociedad democrática» (arts. 10.2 y 11.2 CEDH). Otras medidas como las sanciones disciplinarias o las indemnizaciones de daños y perjuicios también pueden desalentar el ejercicio de la libertad de expresión o del derecho de reunión, debiendo ser evaluadas con cautela.

---

256 *Idem.*

257 *Ibid.*, § 165.

III. La doctrina del efecto desaliento en el Tribunal Constitucional Español: una cuestión de Derecho Penal

1. LA INTRODUCCIÓN DEL CONCEPTO DEL EFECTO DESALIENTO A TRAVÉS DE LOS VOTOS PARTICULARES DE VIVES ANTÓN

Fue Vives Antón quien introdujo el término «efecto desaliento» en la jurisprudencia del Tribunal Constitucional. Lo hizo en su voto particular a la STC 79/1995, de 22 de mayo; concretamente, en el siguiente párrafo:

> «La libertad de expresión necesita un amplio espacio para desarrollarse, un ámbito de seguridad lo suficientemente extenso para que quien hace uso de ella pueda calcular las consecuencias de lo que dice o escribe, y, si esto es, en general, cierto, lo es más todavía frente a la incidencia de la vía penal, que, por sus peculiares características, comporta el recurso a un instrumento intimidatorio (la pena) mediante el que se intenta evitar que los ciudadanos infrinjan la ley. Si ese instrumento intimidatorio se proyecta sobre conductas demasiado cercanas a lo que constituye el legítimo ejercicio de la libertad de expresión (a cuyo núcleo pertenece la crítica a personajes públicos), puede producir sobre esta un "efecto de desaliento" que limite indebidamente el libre flujo de las opiniones»[258].

La mencionada sentencia desestimó el recurso de amparo interpuesto por el consejero delegado y el director

258 Voto particular de Tomás S. Vives Antón a la STC 79/1995, de 22 de mayo, § 7.

general de una sociedad propietaria de dos periódicos de la provincia de Las Palmas contra una sentencia que confirmó la absolución de un periodista acusado de delito de injurias por la publicación de un artículo en un periódico rival en el que se incluían «expresiones y adjetivaciones ciertamente duras y desfavorables en extremo para los solicitantes de amparo, tales como calificarles de "herpes redivivo" y de "cuadrilla provinciana" o aludir al "cinismo de sus apelaciones a la defensa de los intereses de Canarias"»[259]. El Tribunal Constitucional consideró que esas expresiones «no desborda[n] los límites de la libertad de expresión», habida cuenta del contexto en el que se produjeron,

> «una disputa entre medios de comunicación que sostienen criterios discrepantes sobre cuestiones de interés social y económico para Canarias y que se circunscriben, como señala con acierto la Sentencia del Juzgado, a una crítica acerba sobre la actuación pública y publicada de los querellantes sin interferir para nada en la esfera de su vida privada y que, por las acusadas posiciones contrapuestas que sobre la actividad de las Cajas de Ahorros mantienen los dos medios de comunicación, debe ser admitida con tolerancia por quienes, ejerciendo la misma actividad, utilizan su pluma con estilo más o menos ácido para sostener y proyectar en la opinión pública el punto de vista que entienden más adecuado sobre una materia de interés general»[260].

En su voto particular, el magistrado Vives Antón se manifiesta conforme con el fallo desestimatorio del recurso de amparo, pero no con su fundamentación, pues entiende que algunas de las manifestaciones contenidas en el artículo no se hallan cubiertas por el ejercicio del derecho a la libertad de expresión[261]. La resolución del recurso de amparo debía haberse planteado desde otra perspectiva: «no

---

[259] STC 79/1995, de 22 de mayo, FJ 3.

[260] *Idem.*

[261] Voto particular de Tomás S. Vives Antón a la STC 79/1995, de 22 de mayo, § 3.

desde la perspectiva de si se han sobrepasado los límites de la libertad de expresión a que se refiere el art. 20.4 CE, sino desde la perspectiva de si ese exceso justifica o no el recurso a la vía penal»[262]. Y, tras aludir al efecto desaliento[263], concluye que «el amparo está bien desestimado, pero no porque no se hayan excedido los límites de la libertad de expresión, sino porque la vía penal que se intentaba seguir no es adecuada en el presente caso para depurar los posibles excesos cometidos»[264].

De acuerdo con el planteamiento mantenido en el voto particular, las conductas que traspasan los límites de la libertad de expresión no deben ser objeto de sanción penal cuando se encuentran próximas a su ejercicio legítimo, pues, en tales casos, la pena puede producir un efecto desaliento sobre el derecho fundamental. Ahora bien, dado que dichas conductas constituyen un exceso en el ejercicio de la libertad de expresión, la víctima del atentado contra el derecho al honor puede acudir a «la vía civil para obtener una compensación económica». Así lo reconoce Vives en otro voto particular a una sentencia de la misma fecha[265], en la que también señala:

> «Si bien la libertad de expresión no comporta ningún derecho al insulto, creo que las expresiones insultantes vertidas en el presente caso ni son lo suficientemente fuertes ni se hallan lo bastante separadas de la crítica que en el artículo enjuiciado se efectúa como para que el recurso al derecho penal criminal no resulte exorbitante y no comporte un peligro manifiesto de confusión y desánimo en quienes ejercen la crítica pública»[266].

---

262 *Ibid.*, § 5.
263 *Vid. supra.*
264 *Ibid.*, § 9.
265 Voto particular de Tomás S. Vives Antón a la STC 78/1995, de 22 de mayo, § 3.
266 *Ibid.*, § 2.

Por tanto, el efecto desaliento es tratado en estos votos particulares como un problema de Derecho penal vinculado con la libertad de expresión. En los casos de ejercicio extralimitado de este derecho fundamental, Vives rechaza únicamente «el recurso a la vía penal»[267], dejando abierta la utilización de otros mecanismos. Así lo reitera en un voto particular posterior, en el que señala que «nada hubiera tenido que objetar a la sentencia», la STC 46/1998, de 2 de marzo —que desestima el recurso de amparo interpuesto contra una sentencia confirmatoria de una condena por delito de desacato a un abogado por faltas de respeto a una jueza—, «si nos hallásemos ante una sanción meramente disciplinaria o ante la condena a una reparación civil»[268].

2. LA FORMULACIÓN INICIAL DE LA DOCTRINA DEL EFECTO DESALIENTO: LA STC 136/1999, DE 20 DE JULIO

El Tribunal Constitucional asumió la doctrina del efecto desaliento en la STC 136/1999, de 20 de julio, que estimó el recurso de amparo presentado por varios miembros de la Mesa Nacional de Herri Batasuna que habían sido condenados como autores de un delito de colaboración con banda armada[269] a una pena de siete años de prisión mayor y

267 *Idem.*

268 Voto particular de Tomás S. Vives Antón a la STC 46/1998, de 2 de marzo, § 1.

269 Art. 174 bis a) del Código Penal de 1973: «1. Será castigado con las penas de prisión mayor y multa de 500.000 a 2.500.000 pesetas el que obtenga, recabe o facilite cualquier acto de colaboración que favorezca la realización de las actividades o la consecución de los fines de una banda armada o de elementos terroristas o rebeldes. 2. En todo caso, son actos de colaboración la información o vigilancia de personas, bienes o instalaciones, la construcción, cesión o utilización de alojamientos o depósitos, la ocultación o traslados de personas integradas o vinculadas a bandas armadas o elementos terroristas o rebeldes, la organización o asistencia a prácticas de entrenamiento y cualquier otra forma de cooperación, ayuda o media-

multa de 500 000 pesetas, con las accesorias de suspensión de cargo público y del derecho de sufragio pasivo durante el tiempo de la condena, por acordar la difusión, en el marco de las elecciones generales de 1996, de una videocinta, una cinta magnetofónica y un spot televisivo en los que se exponía la propuesta de mínimos de ETA para abandonar la lucha armada. Los demandantes de amparo denunciaron que dicha condena vulneró, entre otros, sus derechos a la legalidad penal (art. 25.1 CE), a la libertad de expresión e información (art. 20.1 CE), a la libertad ideológica (art. 16.1 CE) y a participar en asuntos públicos (art. 23.1 CE), alegando, como motivo principal, que fueron

> «condenados por el "acuerdo e intento" de difundir durante la campaña electoral, en su condición de dirigentes de una asociación política legal, una información veraz sobre un hecho de indudable interés general y relevancia pública como son las propuestas de ETA para "lograr el final de la violencia" en el País Vasco»[270].

Según ellos, no habrían «hecho más que informar "sobre lo que otros dicen", mediante lo que doctrinalmente se ha calificado como "reportaje neutral o neutro"», habiendo actuado, así, «en ejercicio lícito de su derecho a comunicar información veraz»[271], en un «contexto de participación política» en el que «los derechos y libertades de expresión, de información y de participación en los asuntos públicos forman un todo interrelacionado»[272].

El Tribunal Constitucional niega que la conducta de los demandantes por la que fueron condenados constituyese ejercicio legítimo de los referidos derechos fundamentales. El intento de difusión de los mensajes de ETA no puede considerarse un reportaje neutral, ya que «la posición de

---

ción, económica o de otro género, con las actividades de las citadas bandas o elementos».

270 STC 136/1999, de 20 de julio, FJ 2.

271 *Ibid.*, FJ 12.

272 *Ibid.*, FJ 13.

[Herri Batasuna] no pretendía ser la de mero transmisor de la información», sino que utilizó dicha información «como un elemento más de su propio mensaje para solicitar el voto»[273]. Dichos mensajes poseían, además, carácter intimidatorio, desprendiéndose de ellos «una amenaza dirigida a los poderes públicos e indirectamente a los ciudadanos para que acepten los planteamientos políticos expuestos si no quieren continuar sufriendo las consecuencias derivadas de los atentados terroristas»[274]. Por eso, tales mensajes, «al no hallarse directamente protegidos por las libertades de participación política, de expresión y de información, podían en principio, en tanto que conductas intimidatorias, ser objeto de sanción penal»[275].

Ahora bien, acto seguido, añade el Tribunal Constitucional:

> «Esta sanción sólo podrá estimarse constitucionalmente legítima si en la formulación del tipo y en su aplicación se han respetado las exigencias propias del principio de legalidad penal del art. 25.1 CE y si además no han producido, por su severidad, un sacrificio innecesario o desproporcionado de la libertad de la que privan o un efecto que en otras resoluciones hemos calificado de disuasor o desalentador del ejercicio de los derechos fundamentales implicados en la conducta sancionada»[276].

En el caso analizado,

> «aunque los mensajes objeto de sanción contenían elementos intimidatorios y los recurrentes no fueron condenados por el ejercicio lícito de las libertades de participación, de expresión y de información, sino por colaboración con banda armada, a partir de esta sola constatación no cabe excluir que el establecimiento de ciertos tipos penales o ciertas interpretaciones de los mismos pueda afectar a los citados derechos, si-

---

273 *Ibid.*, FJ 18.
274 *Ibid.*, FJ 19.
275 *Idem.*
276 *Ibid.*, FJ 20.

> quiera sea indirectamente. Esto es así porque el hecho de que se expresen ideas, se comunique información o se participe en una campaña electoral de forma ilícita y, por consiguiente, sin la protección de los respectivos derechos constitucionales, no significa que quienes realizan esas actividades no estén materialmente expresando ideas, comunicando información y participando en los asuntos públicos. Precisamente por ello, una reacción penal excesiva frente a este ejercicio ilícito de esas actividades puede producir efectos disuasorios o de desaliento sobre el ejercicio legítimo de los referidos derechos ya que sus titulares, sobre todo si los límites penales están imprecisamente establecidos, pueden no ejercerlos libremente ante el temor de que cualquier extralimitación sea severamente sancionada»[277].

El Tribunal Constitucional considera que la norma penal que se aplicó a los recurrentes —el artículo 174 bis a) del Código Penal de 1973— «no guarda, por su severidad en sí y por el efecto que la misma comporta para el ejercicio de las libertades de expresión y de información, una razonable relación con el desvalor que entrañan las conductas sancionadas», tomando en cuenta las siguientes cuatro circunstancias[278]:

> «a) En cuanto a las conductas sancionadas no cabe duda de que son potencialmente peligrosas en la medida en que son constitutivas de colaboración con banda armada, pero resultaron en la realidad muy alejadas de los peligros que la norma aplicada quiere finalmente evitar. Recuérdese, en primer lugar, que no estamos ante una conducta directamente constitutiva de un resultado de colaboración con banda armada, como lo hubiera sido por ejemplo la difusión efectiva de la intimidación contenida en los mensajes televisivos y radiofónicos a que se ha hecho referencia, sino ante un acto de colaboración —tal como lo calificó la Sala sentenciadora— tendente a tal resultado de efectiva colaboración. Los recurrentes, en efecto, no

277 *Idem.*

278 *Ibid.*, FJ 29.

emprendieron directamente la realización de la actividad difusora, sino que remitieron las cintas a los respectivos organismos públicos. Repárese además, en segundo lugar, en que perdieron con ello el dominio del curso de riesgo que conducía del acuerdo delictivo al efectivo apoyo a la organización terrorista; dominio que les hubiera permitido mantener el acto de colaboración hasta la producción de su efectivo resultado, del beneficio para la organización terrorista y del perjuicio para la sociedad. En el previsible horizonte que se daba tras el Acuerdo de difusión se encontraba la seria probabilidad de que el curso de riesgo por ellos desatado se viera interrumpido, como así fue, por la intervención de la autoridad judicial o por la negativa de los medios de comunicación afectados a la emisión delictiva pretendida, negativa previa a la denuncia ante la autoridad judicial.

b) Por el contrario, en el otro plato de la balanza, en el de los costes fácticos que la medida comporta para los valores constitucionales, debe destacarse, en primer lugar, la muy significativa entidad de la pena: una privación de libertad de una duración mínima de seis años y un día y máxima de doce y una multa de cuantía comprendida entre 500.000 y 2.500.000 pesetas. Esta misma pena de prisión mayor, se asignaba en el Código Penal de 1973, por ejemplo, a los integrantes de bandas armadas (art. 174.3), a los ejecutores de una sedición (art. 219.3º), al aborto doloso no consentido por la embarazada (art. 411, párrafo 1º.1), a las mutilaciones de miembro no principal (art. 419), a las agresiones sexuales graves (art. 430), al robo con torturas (art. 501.4º) o al incendio de masas forestales con peligro para la vida de las personas [art. 553 bis a)].

[...]

c) En la relativización de la gravedad de los comportamientos sancionados y en los costes sociales de la norma penal incide el hecho de que la misma se aplica a la expresión de ideas e informaciones por parte de los dirigentes de una asociación política legal en el seno de una campaña electoral y dirigida a la petición del voto de los ciudadanos. Hemos reiterado que la difusión de estas ideas e informaciones y este modo de participación en la actividad política no constituye un ejercicio lícito de las libertades de expresión, de información y de participación política y, por ello, no están tuteladas por esos derechos constitucionales y por ello

> pueden ser objeto de sanción penal; sin embargo, también hemos señalado que es indudable que las conductas incriminadas son actividades de expresión de ideas e informaciones y constituyen una forma de participación política y, en consecuencia, una sanción penal desproporcionada puede producir efectos de desaliento respecto del ejercicio lícito de esos derechos. En suma, aun admitiendo la legitimidad del recurso a la vía penal, la pena no puede proyectarse con la dureza que el tipo previene sobre la universalidad de los componentes del órgano dirigente de una asociación política que, si bien extralimitándose, han actuado en un ámbito en el que las formaciones políticas deben operar con la mayor libertad sin más limitaciones que las estrictamente necesarias para preservar la libertad de los ciudadanos.
>
> [....]
>
> La aplicación de un precepto que contempla una pena mínima de seis años y un día produce un claro efecto disuasorio del ejercicio de las libertades de expresión, comunicación y participación en la actividad pública, aunque las conductas sancionadas no constituyan ejercicio legítimo de las mismas.
>
> d) Finalmente debe tenerse en cuenta que ese efecto disuasorio se refuerza en supuestos como el presente en el que la relativa indeterminación del precepto, aunque no plantee problemas desde el punto de vista de la taxatividad, puede crear alguna incertidumbre acerca de si la expresión de unas ideas, la comunicación de una información o la participación en una determinada actividad pública es lícita o, por el contrario, resulta muy severamente penada. Esta incertidumbre puede inhibir de modo natural el ejercicio de tales libertades, necesarias para el funcionamiento democrático de la sociedad y radicalmente imprescindibles cuando tal ejercicio se refiere a los partidos políticos y al momento en el que se dirigen a recabar la voluntad de los ciudadanos».

El Tribunal Constitucional concluye:

> «El precepto resulta, en efecto, inconstitucional únicamente en la medida en que no incorpora previsión alguna que hubiera permitido atemperar la sanción penal a la entidad de actos de colaboración con banda armada que, si bien pueden en ocasiones ser de escasa

> trascendencia en atención al bien jurídico protegido, no por ello deben quedar impunes. Expresado en otros términos, no es la apertura de la conducta típica de colaboración con banda armada la que resulta constitucionalmente objetable, sino la ausencia en el precepto de la correspondiente previsión que hubiera permitido al juzgador, en casos como el presente, imponer una pena inferior a la de prisión mayor en su grado mínimo. A partir, por tanto, de la apreciación por parte de la Sala sentenciadora de que nos encontramos ante uno de los mencionados "actos de colaboración" con banda armada, el precepto legal en cuestión hubiera debido permitir la imposición de una pena proporcionada a las circunstancias del caso: no habiéndolo hecho así, el reiterado precepto incurre en inconstitucionalidad en el sentido que se acaba de indicar»[279].

El planteamiento de la STC 136/1999, de 20 de julio, difiere del de Vives en dos aspectos: (1) el efecto desaliento se atribuye a la propia norma aplicada, no a su concreta aplicación; y (2) se admite la legitimidad de la vía penal para sancionar los comportamientos próximos al ejercicio legítimo de la libertad de expresión. En cuanto al primer aspecto, el razonamiento del Tribunal Constitucional recuerda al de la doctrina de la excesiva amplitud del Tribunal Supremo de Estados Unidos: en ambos casos, el efecto desaliento en el ejercicio de la libertad de expresión es causado por la existencia de una norma sancionadora redactada en unos términos tan amplios que generan la incertidumbre de si una determinada actividad expresiva cae bajo su ámbito de aplicación, lo que puede llevar a los ciudadanos a abstenerse de ejercer su derecho a la libertad de expresión por temor a ser sancionados.

Ahora bien, la STC 136/1999, de 20 de julio, no dice que una norma de tal tipo sea siempre ilegítima, sino solamente en el caso de que conlleve penas severas para el castigo de comportamientos que constituyan un ejercicio ilícito de la libertad de expresión —o del derecho de parti-

---

279 *Ibid.*, FJ 30.

cipación política (art. 23.1 CE)—. De este modo, el efecto desaliento se vincula, inicialmente, con la severidad de las penas, no con el hecho de ser sancionado penalmente.

3. LA CONFIGURACIÓN ACTUAL DE LA DOCTRINA DEL EFECTO DESALIENTO

3.1. Del exceso de pena a la ilegitimidad del Derecho penal: la STC 185/2003, de 27 de octubre, y la STC 104/2011, de 20 de junio

El Tribunal Constitucional volvió a aplicar la doctrina del efecto desaliento cuatro años más tarde en la STC 185/2003, de 27 de octubre. En este caso, el recurso de amparo fue presentado por un delegado sindical de los funcionarios del Ayuntamiento de Aljaraque, condenado como autor, en primera instancia, de un delito de injurias graves hechas con publicidad (arts. 208, 209 y 211 CP) y, en segunda instancia, de una falta de injurias del artículo 620.2 CP, a una pena de multa, además de a una indemnización de 50 000 pesetas en favor de la representante legal de una empresa de limpieza, por acusarla, en manifestaciones recogidas en un periódico de la provincia de Huelva, «de ser "una irresponsable, no sólo con la limpieza, sino con el trato a los empleados", que "las amenazaba con que si no votaban al PSOE, no seguían trabajando… las trata como esclavas amenazándolas constantemente con los contratos de trabajo"»[280].

El demandante de amparo centró su denuncia en que dichas condenas vulneraron su derecho a la libertad sindical (art. 28.1 CE), en relación con los derechos a la libertad de expresión e información (art. 20.1 CE), al no ser «debi-

280 STC 185/2003, de 27 de octubre, antecedente 2.

damente ponderados por los órganos judiciales frente al derecho al honor de la querellante»[281].

La clave para resolver este recurso de amparo consistió en «determinar si la conducta objeto de sanción puede encuadrarse en el ámbito propio de la libertad sindical informativa, al margen de cualquier consideración acerca de si su concreto ejercicio supuso o no una extralimitación»[282]. Y es que, según el Tribunal Constitucional, «no resulta constitucionalmente admisible la aplicación de un tipo penal a conductas que constituyan actos de ejercicio de un derecho fundamental», es decir, que «inequívocamente han de ser calificadas como pertenecientes al ámbito objetivo de ejercicio del mismo», pues «los hechos probados no pueden ser a un mismo tiempo valorados como actos de ejercicio de un derecho fundamental y como conductas constitutivas de un delito»[283]. Solo es lícita la sanción penal «frente a un aparente ejercicio de un derecho fundamental», en el que «la conducta enjuiciada, por su contenido, por la finalidad a la que se orienta o por los medios empleados, desnaturaliza el ejercicio del derecho y se sitúa objetivamente al margen del contenido propio del mismo»[284].

El Tribunal Constitucional afirma que la libertad sindical, aparte de una vertiente organizativa o asociativa, posee una vertiente funcional, consistente en «el derecho de los sindicatos [...] a desplegar los medios de acción necesarios para que puedan cumplir las funciones que constitucionalmente les corresponden», entre otros, «la utilización como instrumento de acción sindical de los derechos a la libertad de expresión y a la libertad de información»[285]. Además, el contenido del derecho a la libertad sindical incluye «una garantía de indemnidad que necesariamente ha de proteger también al representante sindical frente a la imposición

---

281 *Ibid.*, FJ 1.

282 *Ibid.*, FJ 5.

283 *Idem.*, con cita a la STC 2/2001, de 15 de enero, FJ 2.

284 *Idem.*

285 *Ibid.*, FJ 6.

de condenas penales derivadas del ejercicio de su función representativa»[286].

Trasladando las consideraciones anteriores al caso enjuiciado, el Tribunal Constitucional concluye que la sanción penal del recurrente vulneró su derecho a la libertad sindical en relación con el derecho a la información, «por tratarse de una reacción innecesaria y desproporcionada, con un efecto disuasorio o desalentador del ejercicio de la libertad sindical»[287]. La conducta por la que se sancionó al delegado sindical se incardinaba «en el ámbito de la acción sindical y, por tanto, en el ámbito objetivo del ejercicio del derecho a la libertad sindical», profiriéndose las expresiones injuriosas en el marco de «la función representativa que ejercía», pues «su denuncia se refería exclusivamente a las condiciones de prestación de un servicio público y al trato dispensado a las trabajadoras con ocasión de la realización de sus tareas, esto es, a las condiciones laborales y derechos de los trabajadores»[288].

Por tanto, a diferencia de lo que sucede en la STC 136/1999, de 20 de julio, el efecto desaliento se vincula en esta ocasión con la mera aplicación del Derecho penal, no con la gravedad de las penas. Este cambio de planteamiento se consolidó en la STC 104/2011, de 20 de junio, en la que se señala:

> «No cabe incluir entre los supuestos penalmente sancionables aquellos que sean ejercicio regular del derecho fundamental de que se trate, y [...] tampoco puede el Juez, al aplicar la norma penal (como no puede el legislador al definirla), reaccionar desproporcionadamente frente al acto conectado con el derecho fundamental, ni siquiera en el supuesto de que no constituya un ejercicio plena y escrupulosamente ajustado a las condiciones y límites del mismo. Por tanto, la sanción penal sólo será constitucionalmente posible cuando estemos frente a un "aparente ejercicio" del derecho

---

286 *Idem.*

287 *Ibid.*, FJ 7.

288 *Idem.*

> fundamental, y siempre que, además, la conducta enjuiciada, por su contenido, por la finalidad a la que se orienta o por los medios empleados, desnaturalice o desfigure el derecho y se sitúe objetivamente al margen de su contenido esencial, quedando por ello, en su caso, en el ámbito de lo potencialmente punible»[289].

La citada sentencia otorgó el amparo a una trabajadora de la delegación de asuntos sociales del Ayuntamiento de Tomares, condenada a una pena de seis meses de prisión como autora de un delito de desobediencia (art. 556 CP) por introducirse en el despacho del concejal de asuntos sociales de dicho ayuntamiento y permanecer en él durante aproximadamente diez minutos una vez requerida para que lo abandonase; todo ello, durante una huelga de trabajadores de la mencionada delegación convocada por el sindicato Comisiones Obreras. La demandante de amparo, que era miembro del comité de huelga, denunció que dicha condena vulneró su derecho a la legalidad penal (art. 25.1 CE) en relación con su derecho a la huelga (art. 28.2 CE).

El Tribunal Constitucional centró la resolución del recurso de amparo en la determinación de si la conducta de la trabajadora municipal objeto de condena fue o no «inequívoca y objetivamente huelguística en atención al contenido y finalidad del acto o los medios empleados», en cuyo caso resultaría «constitucionalmente reprochable la imposición de una sanción penal»[290]. Además, se tomó en cuenta que el derecho de huelga es

> «un derecho fundamental de conflicto, [...] circunstancia [que] impone no sólo una determinada aproximación en la delimitación de sus contenidos [...], sino, asimismo, la asunción y defensa constitucional de una caracterización del derecho y de los márgenes en su ejercicio que respondan a ese contexto de conflicto y a su finalidad de defensa de intereses de los trabajadores

---

289 STC 104/2011, de 20 de junio, FJ 6.

290 *Idem.*

> en los escenarios de tensión y antagonismo en los que tiene lugar su desarrollo»[291].

Para valorar si la conducta de la demandante de amparo podía «ubicarse en el marco y contexto objetivo del derecho de huelga», un aspecto central que tuvo en consideración el Tribunal Constitucional fue «su pertenencia al comité de huelga»[292], circunstancia que fue ignorada por los órganos jurisdiccionales que determinaron su condena:

> «Los órganos judiciales no otorgaron protagonismo alguno al examen de esa decisiva circunstancia, que únicamente citaron, soslayando el modo en que la misma perfila —por la condición que otorgaba a quien formula la queja— su actuación en el conflicto. En las resoluciones que se impugnan se desatiende la relevancia de ese dato, o se le niega implícitamente virtualidad para calificar el comportamiento huelguístico, obviando toda consideración sobre el papel decisivo del Comité de huelga en la gestión de la misma»[293].

Ese factor debió «necesariamente ponderarse al enjuiciar los hechos que motivaron su condena», ya que

> «está fuera de cuestión que la demandante actuó en el ejercicio de dicha representación, no como una huelguista más; circunstancia que resulta confirmada por el dato de que sólo dos miembros del comité, entre ellos la actora, intervinieron (aunque en términos muy diferentes) en los hechos que están en el origen de las sentencias recurridas, sin que participaran los huelguistas no integrantes de ese órgano de gestión del conflicto»[294].

La función representativa que ejercía la recurrente y el contexto huelguístico en el que se desarrollaron los hechos «obligaban así a encuadrar la desobediencia en el marco

---

291 *Idem.*

292 *Ibid.*, FJ 7.

293 *Idem.*

294 *Idem.*

objetivo del derecho fundamental [de huelga]»[295]. La imposición de una sanción penal por la realización de una conducta conectada con el ejercicio de tal derecho constituyó, pues, «una reacción desproporcionada, vulneradora del derecho a la legalidad penal (art. 25.1 CE) por su efecto disuasorio o desalentador del ejercicio de aquel derecho fundamental (art. 28.2 CE)»[296]. Así pues, la interpretación que efectuaron los órganos jurisdiccionales del tipo penal de desobediencia y su aplicación a dicha conducta, «aun siendo posible de conformidad con el tenor literal del precepto», resultó «constitucionalmente rechazable por ser imprevisible para el destinatario», ya que no tomó en consideración «que el tipo penal no podía interpretarse y aplicarse de forma contraria al ejercicio del derecho fundamental a la huelga con el que la conducta que se sanciona estaba inequívocamente vinculada»[297].

3.2. *El efecto desaliento y la dimensión objetiva de los derechos fundamentales*

De acuerdo con la STC 104/2011, de 20 de junio, el efecto desaliento tiene lugar cuando el Estado reacciona de forma desproporcionada ante un comportamiento que, si bien no resulta «plena y escrupulosamente ajustado a las condiciones y límites del derecho fundamental […], se encuadra en su contenido y finalidad y, por tanto, en la razón de ser de su consagración constitucional»[298]. Al excederse en el ejercicio del derecho fundamental, el comportamiento no goza de la protección jurídica que la Constitución le otorga, pudiendo ser sometido a restricciones por parte de los poderes públicos; pero, al situarse en el ámbito del contenido del derecho, dichas restriccio-

[295] *Ibid.*, FJ 8.
[296] *Ibid.*, FJ 9.
[297] *Idem.*
[298] *Ibid.*, FJ 6.

nes deben ser proporcionadas para evitar el desaliento de su ejercicio.

El deber de reaccionar proporcionadamente ante el ejercicio extralimitado de un derecho fundamental constituye una manifestación de la dimensión objetiva de los derechos fundamentales. Así lo ha declarado la STC 110/2000, de 5 de mayo:

> «La dimensión objetiva de los derechos fundamentales, su carácter de elementos esenciales del Ordenamiento jurídico permite afirmar que no basta con la constatación de que la conducta sancionada sobrepasa las fronteras de la expresión constitucionalmente protegida, sino que ha de garantizarse que la reacción frente a dicha extralimitación no pueda producir "por su severidad, un sacrificio innecesario o desproporcionado de la libertad de la que privan, o un efecto… disuasor o desalentador del ejercicio de los derechos fundamentales implicados en la conducta sancionada"»[299].

Una reacción desproporcionada frente a un ejercicio extralimitado de un derecho fundamental, que no constituya «una forma desfigurada o desnaturalizada del mismo»[300], afecta al propio derecho, «siquiera sea indirectamente»[301]. Esto sucede porque dicho ejercicio, si bien queda desprovisto de la protección del respectivo derecho fundamental, se integra en su «ámbito objetivo de aplicación»[302], pues el hecho de que se ejerza un derecho fundamental de forma ilícita no significa que no se esté materialmente ejerciendo[303].

299 STC 110/2000, de 5 de mayo, FJ 5.

300 STC 170/2021, de 7 de octubre, FJ 8.

301 STC 136/1999, de 20 de julio, FJ 20.

302 STC 170/2021, de 7 de octubre, FJ 8.

303 STC 136/1999, de 20 de julio, FJ 20 («El hecho de que se expresen ideas, se comunique información o se participe en una campaña electoral de forma ilícita y, por consiguiente, sin la protección de los respectivos derechos constitucionales, no significa que quienes realizan esas actividades no estén materialmente expresando ideas, comunicando información y participando en los asuntos públicos»).

3.3. *El efecto desaliento y la libertad de expresión*

También en la jurisprudencia constitucional española la doctrina del efecto desaliento se ha construido sobre la libertad de expresión. Este derecho «necesita un amplio espacio para desarrollarse»[304], es decir, «un ámbito exento de coacción lo suficientemente generoso como para que pueda desenvolverse sin angosturas, esto es, sin timidez y sin temor»[305]. De ahí que «disuadir la diligente, y por ello legítima, transmisión de informaciones y de opiniones constituya un límite constitucional esencial que el art. 20 CE impone a todos los poderes públicos y, en particular, al juez penal»[306].

La libertad de expresión ocupa una posición preferente en el sistema constitucional cuando su ejercicio contribuye a «la formación y existencia de una opinión pública libre»[307], «indisolublemente ligada con el pluralismo político»[308], lo que la convierte «en uno de los pilares de la sociedad democrática», pues, «para que el ciudadano pueda formar libremente sus opiniones y participar de modo responsable en los asuntos públicos, ha de ser también informado ampliamente de modo que pueda ponderar opiniones diversas e incluso contrapuestas»[309]. Por ello, hay que promover y no desalentar «el libre flujo de las opiniones»[310].

Ahora bien, la libertad de expresión no es el único derecho fundamental que puede ser desalentado. El Tribunal Constitucional también ha aplicado la doctrina del efecto desaliento en relación con la libertad sindical (art. 28.1 CE)

---

304 Voto particular de Tomás S. Vives Antón a la STC 78/1995, de 22 de mayo, § 2.

305 STC 110/2000, de 5 de mayo, FJ 5.

306 STC 6/2020, de 27 de enero, FJ 3.

307 STC 159/1986, de 16 de diciembre, FJ 6.

308 STC 46/1998, de 2 de marzo, FJ 3.

309 STC 159/1986, de 16 de diciembre, FJ 6.

310 Voto particular de Tomás S. Vives Antón a la STC 79/1995, de 22 de mayo, § 7.

y con el derecho de huelga (art. 28.2 CE), concretamente en las SSTC 185/2003, de 27 de octubre, y 104/2011, de 20 de junio, analizadas anteriormente[311]. Hay que tener en cuenta que el derecho de huelga es un «derecho fundamental de conflicto»[312], como en muchos casos también lo es el derecho de reunión (art. 21 CE)[313], «manifestación colectiva de la libertad de expresión»[314]. Precisamente, la STC 172/2020, de 19 de noviembre, al referirse a la constitucionalidad del artículo 37.3 LOPSC[315], señala que una interpretación meramente literal del precepto «conllevaría que las personas individuales que tomasen parte en aquellas pudieran razonablemente retraerse en el ejercicio normal de su derecho [de reunión], al temer que por cualquier circunstancia inesperada terminasen incurriendo en los incumplimientos contemplados en la norma sancionadora», lo que, «al implicar un relevante efecto desaliento en el disfrute del derecho, convertiría al art. 37.3 LOPSC en inconstitucional»[316].

---

311 *Vid. supra.*

312 STC 104/2011, de 20 de junio FJ 6.

313 Voto particular de Juan Antonio Xiol Ríos y María Luisa Balaguer Callejón a la STC 133/2021, de 24 de junio, FJ 9 («No consideramos que estas conductas, aisladamente valoradas ni tampoco en el contexto general de la concentración, revistan la gravedad objetiva necesaria como para que la defensa de una sociedad democrática exija el recurso a una injerencia en el ámbito de protección del derecho de reunión de tal naturaleza restrictiva como la que representa el derecho penal. Se trata, con carácter general, de conductas que no parecen exceder de lo que puede ser propio del ejercicio de un derecho de conflicto como en algunas ocasiones, y el presente caso es un ejemplo, puede transmutarse el derecho de reunión»).

314 STC 85/1988, de 28 de abril, FJ 2.

315 Art. 37.3 LOPSC: «Son infracciones leves: El incumplimiento de las restricciones de circulación peatonal o itinerario con ocasión de un acto público, reunión o manifestación, cuando provoquen alteraciones menores en el normal desarrollo de los mismos».

316 STC 172/2020, de 19 de noviembre, FJ 6.

3.4. *La corresponsabilidad del juez y del legislador en la evitación del efecto desaliento*

El deber de no reaccionar desproporcionadamente frente al ejercicio extralimitado de un derecho fundamental incumbe tanto al juez como al legislador. Así lo ha declarado la STC 110/2000, de 5 de mayo, FJ 5:

> «Tampoco puede el Juez, al aplicar la norma penal (como no puede el legislador al definirla), reaccionar desproporcionadamente frente al acto de expresión, ni siquiera en el caso de que no constituya legítimo ejercicio del derecho fundamental en cuestión y aun cuando esté previsto legítimamente como delito en el precepto penal».

Ahora bien, la responsabilidad de evitar el efecto desaliento recae principalmente en el juez, «debido al amplio margen de libertad de configuración de delitos y penas que corresponde al legislador democrático a la hora de la plasmación normativa de la política criminal»[317]. Cuando una infracción penal, «dado su amplio y vago tenor literal, no excluye expresamente su aplicación a conductas realizadas en el ejercicio de un derecho fundamental o conectadas objetivamente con un derecho fundamental», es al órgano jurisdiccional a quien le corresponde efectuar «una ponderación de los derechos concernidos»[318], valorando «si la condena penal [...] podría producir un efecto desaliento o acarrear la desnaturalización» del derecho fundamental implicado «por parte de quienes se propongan ejercitarl[o] mediante la utilización de medios o con contenidos similares»[319].

En la STC 136/1999, de 20 de julio, sin embargo, se atribuye al legislador, en exclusiva, la responsabilidad del efecto desaliento de la condena a siete años de prisión a los

---

317 STC 60/2010, de 7 de octubre, FJ 3.
318 STC 88/2003, de 19 de mayo, FJ 14.
319 STC 35/2020, de 25 de febrero, FJ 5.

miembros de la Mesa Nacional de Herri Batasuna que acordaron la difusión de la propuesta de mínimos de ETA para abandonar la lucha armada[320]. El Tribunal Constitucional señala que la norma penal que se aplicó a los demandantes de amparo, el artículo 174 bis a) del Código Penal de 1973, «no guarda, por su severidad en sí y por el efecto que la misma comporta para el ejercicio de las libertades de expresión y de información, una razonable relación con el desvalor que entrañan las conductas sancionadas»[321], de modo que, «en la medida en que no incorpora previsión alguna que hubiera permitido atemperar la sanción penal [...], el reiterado precepto incurre en inconstitucionalidad»[322].

En cambio, en la STC 172/2020, de 19 de noviembre —aunque en el ámbito del Derecho administrativo sancionador, donde la doctrina del efecto desaliento no ha sido desarrollada—, el artículo 37.3 LOPSC, cuya interpretación meramente literal puede desalentar a los ciudadanos de ejercer el derecho de reunión, es salvado de la inconstitucionalidad por invocación del principio de conservación de la ley[323].

---

320 *Vid. supra.*

321 STC 136/1999, de 20 de julio, FJ 29.

322 *Ibid.*, FJ 30.

323 STC 172/2020, de 19 de noviembre, FJ 6 («Atendiendo a este principio, procede destacar que la interpretación sistemática del art. 37.3 CE ha de reparar de un modo principal en que establece una restricción de un derecho fundamental y en que se trata de un precepto de carácter sancionador, circunstancias ambas que obligan al intérprete a preferir, de entre las posibles, las lecturas de la norma que resulten más acordes con los principios de interpretación restrictiva y *favor libertatis*. Conforme a estos principios hermenéuticos, este tribunal entiende que el sintagma "cuando provoquen alteraciones menores" alude a aquellas que sean verdaderamente relevantes, en el sentido de presentar una determinada entidad y gravedad en la medida en que, por tratarse de un precepto del derecho administrativo sancionador, su aplicación debe ser el resultado de una interpretación restrictiva»).

4. LA CRISIS DE LA DOCTRINA DEL EFECTO DESALIENTO

4.1. El abandono de la doctrina por parte del Tribunal Constitucional

Aunque la doctrina del efecto desaliento apenas ha sido aplicada por el Tribunal Constitucional —solo lo ha sido en las tres sentencias analizadas—[324], su postura era inicialmente proclive a apreciar la existencia de un efecto desaliento en las sanciones penales impuestas por comportamientos conectados con el ejercicio de derechos fundamentales. La STC 88/2003, de 19 de mayo, es la única sentencia de esta primera etapa en la que el Tribunal Constitucional, tras aludir a la doctrina del efecto desaliento, niega la vulneración de derechos fundamentales alegada por los recurrentes condenados penalmente.

En los últimos tiempos, se ha producido un abandono de la doctrina del efecto desaliento por parte del Tribunal Constitucional[325]. La STC 104/2011, de 20 de junio, es la última que ha aplicado dicha doctrina. Desde entonces, pero sobre todo a partir de las resoluciones de los recursos de amparo presentados por los líderes del proceso independentista catalán[326], el Tribunal Constitucional ha negado reiteradamente el efecto desaliento de condenas penales

---

324 Cabe apuntar que en algunas resoluciones el Tribunal Constitucional alude al efecto desaliento en relación con condenas penales que afectan a sujetos que ejercen legítimamente un derecho fundamental. *Vid.*, entre otras, SSTC 110/2000, de 5 de mayo, FF. JJ. 5 y 9, y 108/2008, de 22 de septiembre, FJ 6. En estos supuestos no resulta aplicable la doctrina del efecto desaliento, sino la causa de justificación de «ejercicio legítimo de un derecho» (art. 20.7.º CP). *Vid.* Capítulo V.

325 CUERDA ARNAU, María Luisa: «La doctrina del efecto de desaliento en la jurisprudencia del Tribunal Constitucional español. Origen, desarrollo y decadencia», *InDret*, n.º 2, 2022, pp. 88-131.

326 *Vid.*, entre otras, STC 91/2021, de 22 de abril, FJ 11.5.2.3; STC 106/2021, de 11 de mayo, FJ 11.5.2.3, y STC 121/2021, de 2 de junio, FJ 12.5.2.3.

y medidas cautelares privativas de libertad impuestas por comportamientos conectados con el ejercicio de derechos fundamentales.

Esta crisis de la doctrina del efecto desaliento se ha hecho patente en una reciente sentencia del TEDH, la del caso *Fragoso Dacosta c. España*[327], que declara contraria al artículo 10 CEDH la condena por delito de ultrajes a España (art. 543 CP) de un sindicalista que, en el transcurso de una protesta por el impago de salarios a las personas trabajadoras de la empresa de limpieza del arsenal militar de Ferrol, gritó consignas ofensivas contra la bandera de España en el momento de su izado solemne. El Tribunal Constitucional denegó el amparo solicitado por el condenado, al entender que las expresiones proferidas contra la bandera de España «incorporaban términos que, unidos, contenían en sí mismos significaciones de menosprecio [...] y, además, habían sido proferidos al margen del contexto y sin vinculación alguna al objetivo legítimo de formular unas reivindicaciones laborales»[328]. Así pues, según el Tribunal Constitucional,

> «ni siquiera es posible apreciar una extralimitación en el ejercicio de la libertad de expresión, pues su conducta, por las razones expresadas, no puede quedar amparada por este derecho, dado que no contribuye a la formación de una opinión pública que merezca el calificativo de libre»[329].

Por el contrario, el TEDH considera que las declaraciones del demandante «podrían interpretarse razonablemente no como un mero insulto, sino como una crítica y una expresión de protesta y descontento hacia el personal militar en su condición de empleadores de los trabajadores de la empresa de limpieza»[330]. A diferencia del Tribunal Cons-

---

327 STEDH, Sección 5.ª, de 8 de junio de 2023, *Fragoso Dacosta c. España*.

328 STC 190/2020, de 15 de diciembre, FJ 5.

329 *Idem*.

330 STEDH, Sección 5.ª, de 8 de junio de 2023, *Fragoso Dacosta c. España*, § 31.

titucional, el TEDH enmarca los hechos en el contexto de la protesta laboral:

> «El Tribunal observa [...] que el demandante era un representante sindical que hizo las declaraciones durante una protesta por el impago de salarios. Por tanto, puede admitirse que se trataba de un debate sobre un asunto de interés general para los empleados de la empresa de limpieza. El Tribunal reitera, a este respecto, que los miembros de un sindicato deben poder expresar a su empresario las reivindicaciones con las que pretenden mejorar la situación de los trabajadores en su empresa. Además, aunque cualquier persona que participa en un debate público de interés general —como el demandante en el presente caso— no debe sobrepasar ciertos límites, en particular en lo que se refiere al respeto por la reputación y los derechos de los demás, se permite cierto grado de exageración o, incluso, de provocación; en otras palabras, se permite cierto grado de desmesura»[331].

De este modo, teniendo en cuenta el contexto en el que se produjeron los hechos, el TEDH concluye que la pena de multa impuesta al demandante, sustituible por privación de libertad en caso de incumplimiento, fue desproporcionada y vulneró el artículo 10 CEDH[332]. En el final de la sentencia, se alude al efecto desaliento:

> «El Tribunal advierte que la condena penal del demandante podría haber tenido un efecto desaliento en el ejercicio de su libertad de expresión»[333].

4.2. *La escasa aplicación de la doctrina por la Sala Segunda del Tribunal Supremo*

Durante mucho tiempo, el Tribunal Supremo ignoró por completo la doctrina del efecto desaliento. Hasta hace poco, la Sala Segunda se había mostrado siempre reacia a

---

331 *Ibid.*, § 32.

332 *Ibid.*, §§ 33-34.

333 *Ibid.*, § 38.

declarar la inexistencia de responsabilidad criminal de un sujeto por el hecho de que hubiera cometido el correspondiente delito en el ejercicio extralimitado de un derecho fundamental. En los últimos años, sin embargo, se han archivado tres querellas basándose en la doctrina del efecto desaliento. En este incipiente —e incierto— cambio de tendencia ha podido influir la reciente STC 35/2020, de 25 de febrero, que reprocha a los órganos jurisdiccionales penales «la ausencia de consideraciones en relación con la dimensión institucional de la libertad de expresión» y, más concretamente, «acerca de si la condena penal de los mensajes podría producir un efecto desaliento o acarrear la desnaturalización del derecho a la libertad de expresión por parte de quienes se propongan ejercitarla mediante la utilización de medios o con contenidos similares»[334].

A continuación, se analizan los tres autos en los que la Sala Segunda del Tribunal Supremo ha aplicado la doctrina del efecto desaliento.

4.2.1. El ATS, Sala Segunda, de 21 de enero de 2021 (Rec. 20473/2020)

La primera vez que el Tribunal Supremo aplicó la doctrina del efecto desaliento fue en el ATS, Sala Segunda, de 21 de enero de 2021 (Rec. 20473/2020), que archivó la querella formulada contra el Ministro de Consumo, Alberto Garzón, por un delito contra las instituciones del Estado del artículo 504.2 CP —por error, en el informe de la Fiscalía que recoge la resolución, se menciona el artículo 504.1 CP—, concretamente de injurias contra los Cuerpos y Fuerzas de Seguridad[335]. Según los querellantes, la Unión de Oficiales de la Guardia Civil, el ministro cometió el cita-

334 STC 35/2020, de 25 de febrero, FJ 5.

335 Art. 504.2 CP: «Los que injuriaren o amenazaren gravemente a los Ejércitos, Clases o Cuerpos y Fuerzas de Seguridad, serán castigados con la pena de multa de doce a dieciocho meses».

do delito en la entrevista que concedió en el programa *Los desayunos de TVE* de 4 de junio de 2020:

> «Con ocasión de la entrevista ha manifestado que puede que "haya elementos reaccionarios dentro de las Fuerzas y Cuerpos de Seguridad del Estado que asuman como propio el discurso que invita al golpe de Estado que alienta la derecha política". A la pregunta de si cree que una denominada "policía patriótica" podría seguir actuando (en clara referencia a las Fuerzas y Cuerpos de Seguridad del Estado), respondió: "Hay una derecha política que está haciendo acusaciones de trazo grueso… Con un discurso absolutamente peligroso para la democracia que socava la convivencia y la cohesión social, que ese discurso está calando y hay muchas instituciones políticas e institucionales, en nuestro país, que pueden ser reflejo de ello… No olvidemos el pasado. Una Comisión en el Parlamento estableció que se había usado a la policía como una banda organizada para el espionaje… la inmensa mayoría de policías, Guardia Civil, FFCC del Estado son democráticas, defienden las instituciones y no se dejan arrastrar por ese discurso…". Ante la pregunta sobre la existencia de elementos reaccionarios que, incluso, invitan al golpe de estado, respondió que "efectivamente, cabe esa existencia, pero que constituyen o son absoluta minoría"»[336].

Al efectuar tales manifestaciones, sostienen los querellantes que «el Ministro, utilizando su posición de tal […], está insinuando que policías o guardias civiles asumen un discurso golpista, al margen de la neutralidad de este tipo de cuerpos, sin ninguna prueba, con una clara intención de dañar a la institución»[337].

El Ministerio Fiscal se opuso a la admisión de la querella teniendo en cuenta «el contexto de la participación, crítica y opinión política» en el que tuvieron lugar las declaracio-

---

336 ATS, Sala Segunda, de 21 de enero de 2021 (Rec. 20473/2020), antecedente de hecho 4.

337 *Ibid.*, FJ 2.

nes del Ministro de Consumo. En este caso, la disputa entre la libertad de expresión y el derecho al honor

> «se mueve [...] en un marco en el que el ejercicio de las libertades de expresión e información están en conexión con asuntos que son de interés general por las materias a que se refieren y por las personas que en ellos intervienen y contribuyen, en consecuencia, a la formación de la opinión pública, alcanzando entonces su máximo nivel de eficacia justificadora frente al derecho al honor, el cual se debilita, proporcionalmente, como límite externo de las libertades de expresión e información, en cuanto sus titulares son personas públicas, ejercen funciones públicas o resultan implicadas en asuntos de relevancia pública, obligadas por ello a soportar un cierto riesgo de que sus derechos subjetivos de la personalidad resulten afectados por opiniones o informaciones de interés general. Pues así lo requiere el pluralismo político para no correr el riesgo de hacer del Derecho penal un factor de disuasión del ejercicio de la libertad de expresión, lo que, sin duda, resulta indeseable en un Estado democrático»[338].

Y añade que, si bien «sería deseable [...] que las expresiones y los tonos en el debate público fueran más correctos», el exceso verbal «en estos contextos de análisis de un debate relevante de interés general[,] no es suficiente para cubrir las exigencias del Derecho penal»[339].

La Sala Segunda del Tribunal Supremo acuerda la inadmisión a trámite de la querella con una argumentación similar a la del Ministerio Fiscal:

> «Las declaraciones atribuidas al aforado, pudiendo merecer valoraciones negativas o críticas e, incluso, censuras en otros escenarios, resultan inidóneas para generar responsabilidad penal a la vista del ámbito político en que se enmarcan y la máxima amplitud que debe reconocerse a quienes participan en la vida pública como representantes de los ciudadanos para opinar, con expresiones afortunadas o desafortunadas,

---

338 *Ibid.*, antecedente de hecho 4.

339 *Idem.*

> compartibles o no, sobre asuntos de relevancia social y colectiva»[340].

La doctrina del efecto desaliento es la base del auto de archivo, como se comprueba en el siguiente fragmento de la resolución:

> «Hay que insistir en el papel preferente que tiene la libertad de expresión en nuestro ordenamiento jurídico, lo que lleva a tolerar ciertos excesos para eludir el riesgo de un efecto desaliento que sería letal para el pluralismo político y la libre circulación de ideas y opiniones. No es por ello posible reaccionar con derecho penal frente a conductas como la sometida a enjuiciamiento, por más que sean comprensibles las molestias o desazón que pueden producir ese tipo de manifestaciones en boca de un miembro del Gobierno en un colectivo como el representado por la asociación querellante. Así lo requiere el pluralismo político en salvaguarda del cual no se puede correr el riesgo de hacer del Derecho penal un factor de disuasión del ejercicio de la libertad de expresión, que sería indeseable en un Estado democrático»[341].

4.2.2. El ATS, Sala Segunda, n.º 20217/2022, de 18 de marzo

Transcurrido poco más de un año, la Sala Segunda del Tribunal Supremo volvió a aplicar la doctrina del efecto desaliento. Lo hizo en el ATS, Sala Segunda, n.º 20217/2022, de 18 de marzo[342], que archivó la querella presentada por la Fundación Foro Libertad y Alternativa contra la Ministra de Derechos Sociales y Agenda 2030, Ione Belarra, por publicar el 22 de octubre de 2021 el siguiente tuit:

---

340 *Ibid.*, FJ 3.

341 *Ibid.*, FJ 4.

342 Confirmado por el ATS, Sala Segunda, de 12 de mayo de 2022 (Rec. 20926/2021).

> «Alberto Rodríguez fue condenado a pesar de las pruebas que demuestran que él no estuvo allí. El objetivo era quitarle el escaño.
> El Supremo presiona a la Presidencia del Congreso para retirárselo aunque ambos saben que no es lo que dice la sentencia.
> Prevaricación».

Este tuit se refiere a la STS, Sala Segunda, n.º 750/2021, de 6 de octubre, que condenó como autor de un delito de atentado a Alberto Rodríguez, Diputado de las Cortes Generales, a la pena de un mes y quince días de prisión, con la accesoria de inhabilitación especial para derecho de sufragio pasivo durante la condena; pena de prisión que, al ser inferior a tres meses, se sustituyó por multa. La sentencia contaba con el voto particular de dos magistrados partidarios de la absolución.

Según los querellantes, la publicación de ese tuit resulta constitutiva de delito de calumnias con publicidad (arts. 205 y ss. CP) y de delito de calumnias contra el Tribunal Supremo (art. 504.1 CP)[343]. El Ministerio Fiscal interesó el archivo de la querella.

El Tribunal Supremo entiende que las manifestaciones de la ministra recogidas en el tuit «guardan relación con un asunto de interés público y es difícil desmarcarlas del debate político, en la medida que se pueden considerar emitidas en el ejercicio de su libertad de expresión»[344]. No se niega «lo injustificadas y ofensivas que son las palabras dirigidas por la querellada a la más alta magistratura judicial del país», a cuyos miembros «está atribuyendo un delito (se suele decir el más grave delito que cabe atribuir a un juez en el ejercicio de su función)», sino que sea «la vía penal el

---

343 Art. 504.1 CP: «Incurrirán en la pena de multa de doce a dieciocho meses los que calumnien, injurien o amenacen gravemente al Gobierno de la Nación, al Consejo General del Poder Judicial, al Tribunal Constitucional, al Tribunal Supremo, o al Consejo de Gobierno o al Tribunal Superior de Justicia de una Comunidad Autónoma».

344 ATS, Sala Segunda, n.º 20217/2022, de 18 de marzo, FJ 2.

camino para hacer frente a ataques tan ofensivos y descalificadores como el que nos ocupa, dado el contexto en que se emiten» y teniendo en cuenta que «el reproche desde este campo del derecho puede llevar aparejado penas privativas de libertad»[345]. Existen otras vías para proteger a los magistrados ante tales ataques, como, por ejemplo, la emisión de un comunicado por parte del Consejo General del Poder Judicial «en defensa de los Magistrados vilipendiados, por los excesos verbales que sobre ellos había vertido la querellada», lo que tuvo lugar el 22 de octubre de 2021[346]. Y concluye el tribunal:

> «El tratamiento de tales manifestaciones, enmarcadas dentro del derecho a la libertad de expresión, en el contexto político que hay que colocarlas y dado el restrictivo espacio que le queda al Derecho Penal cuando entra en conflicto con aquel derecho, ha de quedar extramuros de esta rama del ordenamiento, por cuanto que, como derecho fundamental, operaría como una causa excluyente de la antijuridicidad»[347].

Aquí cabe entender que el Tribunal Supremo se refiere a la antijuridicidad *penal*, pues reconoce la posible intervención de otras ramas del ordenamiento jurídico.

4.2.3. El ATS, Sala Segunda, n.º 20001/2023, de 11 de enero

La tercera vez que el Tribunal Supremo aplicó la doctrina del efecto desaliento fue en el ATS, Sala Segunda, n.º 20001/2023, de 11 de enero, que archivó la querella presentada por Manos Limpias contra la Ministra de Igualdad, Irene Montero, y contra la Delegada del Gobierno contra la Violencia de Género, Victoria Rosell, por verter «expresiones vejatorias contra miembros del poder judi-

---

345 *Ibid.*, FJ 3.
346 *Idem.*
347 *Ibid.*, FJ 4.

cial y el propio Consejo General del Poder Judicial», entre las que se incluyen las de «machistas», «fascistas de toga» o «prevaricadores»[348]. Para los querellantes, estas expresiones resultarían constitutivas del delito de injurias a instituciones del Estado contenido en el artículo 504.1 CP y del delito contra los derechos y las libertades públicas del artículo 510 CP.

Nuevamente, el contexto en el que se producen los hechos es clave para archivar la querella. En este caso, las declaraciones objeto de denuncia se emitieron «en el contexto de un debate político-jurídico, censurando el modo en que una determinada norma de reciente publicación y entrada en vigor [la Ley Orgánica 10/2022, de 6 de septiembre, de garantía integral de la libertad sexual] estaba siendo aplicada por los Tribunales»[349]. El Auto de archivo recuerda que las resoluciones judiciales «pueden ser, y deben ser, objeto de crítica», y, si bien «lo deseable» es que esta «se formule de manera razonada, constructiva, tolerante y en términos tales que, huyendo de aspavientos y afectadas sobreactuaciones, promuevan y favorezcan el debate, contribuyendo a la mejora de lo que pueda, y deba, ser mejorado», no le corresponde a la jurisdicción penal «valorar la prudencia o contención, aun en la crítica, de las expresiones proferidas; ni, por descontado, el estilo empleado en ellas o aun la razonabilidad de las mismas»[350]. Y es quc

> «el Derecho penal no es —y no debe ser— herramienta apta para extirpar asperezas en el discurso político, ni para imponer un estilo cortés, discreto y elegante. En un estado democrático, como sin duda lo es el nuestro, no cabe el empleo del Derecho penal para acallar opiniones, por agrias, desaforadas o injustas que pudieran parecer. De otro modo, se provocaría un claro efecto desalentador o desincentivador en relación con la libre expresión de ideas u opiniones, generado por el temor que pudiera provocar a quien las manifiesta, de esti-

---

348 ATS, Sala Segunda, n.º 20001/2023, de 11 de enero, FJ 2.

349 *Ibid.*, FJ 4.

350 *Idem.*

> marse aquéllas como excesivas o hirientes, la eventual imposición de sanciones de naturaleza penal»[351].

En este caso, la Sala Segunda del Tribunal Supremo tiene en cuenta, además, el hecho de que sea una representante política quien profiere las expresiones, en cuyo caso debe cuidarse de una manera especial o reforzada «que dichas opiniones puedan ser expresadas sin cortapisas, limitaciones u obstáculos no suficientemente justificados, para que puedan así contribuir [...] a la formación de una opinión pública libre»[352].

5. CONCLUSIÓN

En la jurisprudencia del Tribunal Constitucional, el efecto desaliento es tratado como un exceso de las sanciones penales. Si un comportamiento subsumible en el tenor literal de una norma penal se inserta en el ámbito objetivo del ejercicio de un derecho fundamental, la aplicación de dicha norma resultará desproporcionada y, por tanto, ilegítima, por su efecto desalentador en el ejercicio del correspondiente derecho.

Por tanto, la consecuencia jurídica del efecto desaliento es más radical en nuestra jurisprudencia constitucional que en la del TEDH: su concurrencia impide la aplicación de cualquier pena. Quizá por ello la doctrina del efecto desaliento ha tenido tan poca acogida en los tribunales españoles.

---

351 *Ibid.*, FJ 3.
352 *Ibid.*, FJ 4.

IV. La delimitación del efecto desaliento y su tratamiento jurídico-penal

1. EL EFECTO DESALIENTO COMO DISUASIÓN INDIRECTA DEL EJERCICIO DE DERECHOS FUNDAMENTALES

El efecto desaliento tiene lugar cuando una actuación o medida adoptada por los poderes públicos disuade indirectamente a los ciudadanos de ejercer algún derecho fundamental. En estos casos, el objeto de la injerencia pública no es el ejercicio legítimo del correspondiente derecho, sino un comportamiento antijurídico que guarda cierta proximidad con aquel. Esta proximidad es la que explica que la actuación o medida adoptada por los poderes públicos constituya un factor de disuasión para el ejercicio del derecho fundamental implicado, pues los ciudadanos pueden temer verse negativamente afectados si optan por ejercer dicho derecho[353].

Para entender el efecto desaliento, hay que tener en cuenta que «en materia de derechos fundamentales [...] suele ser borrosa la frontera que separa lo lícito de lo ilícito»[354]. Si ambos terrenos estuviesen perfectamente delimitados, no habría cabida para el efecto desaliento: en tal supuesto, la disuasión en el ejercicio legítimo del derecho

---

353 CUERDA ARNAU, María Luisa: «Una reforma autoritaria del delito de atentado», en BACIGALUPO SAGGESE, Silvina; FEIJOO SÁNCHEZ, Bernardo, y ECHANO BASALDUA, Juan Ignacio (coords.): *Estudios de Derecho penal. Homenaje al Profesor Miguel Bajo*, Centro de Estudios Ramón Areces, Madrid, 2016, p. 819.

354 LASCURAÍN SÁNCHEZ, Juan Antonio: «Todo a la vez: la limitación de la expresión y la desprotección del honor», *Revista Jurídica de la Universidad Autónoma de Madrid*, n.º 36, 2017, p. 127.

fundamental solo podría venir provocada por la restricción directa de dicho ejercicio, en cuyo caso la medida adoptada por los poderes públicos sería, por sí misma y siempre, inconstitucional, ya que el ejercicio legítimo de un derecho fundamental no puede nunca ser sancionado[355].

La realidad, sin embargo, es que los contornos de lo lícito y lo ilícito se encuentran muchas veces difuminados, pues «el sistema jurídico dista de ser perfecto»[356]. El mito del legislador racional[357], infalible, no se sostiene en un ordenamiento jurídico creado y aplicado por seres humanos, cuya única certeza es «la certeza del error»[358]. El texto de las leyes no puede alcanzar una precisión absoluta; de ahí, el importante papel que desempeña la interpretación judicial. Así lo explica de manera muy clara el TEDH en la sentencia del caso *Del Río Prada c. España*:

> «Dado el carácter general de las leyes, su redacción no siempre es del todo precisa. Una de las técnicas tipo de regulación consiste en recurrir a categorías generales en vez de listas exhaustivas. Por consiguiente, muchas leyes utilizan, necesariamente, fórmulas más o menos imprecisas cuya interpretación y aplicación dependen de la práctica. Por muy clara que sea la redacción de una disposición legal, en cualquier sistema jurídico, incluido el Derecho penal, existe un elemento inevitable de interpretación judicial. Siempre será necesario aclarar aspectos dudosos y adaptarse a las circunstancias cambiantes. Aunque la certeza es muy deseable, puede conllevar una rigidez excesiva y el Derecho debe ser capaz de seguir el ritmo de las circunstancias cambiantes»[359].

---

355 STC 2/2001, de 15 de enero, FJ 2 («los hechos probados no pueden ser a un mismo tiempo valorados como actos de ejercicio de un derecho fundamental y como conductas constitutivas de un delito»).

356 SCHAUER, Frederick: «Fear, Risk and the First Amendment...», ob. cit., p. 730.

357 *Vid.* RUIZ SANZ, Mario: «El mito de la justicia: entre dioses y humanos», *Cuadernos Electrónicos de Filosofía del Derecho*, n.º 11, 2005.

358 SCHAUER, Frederick: «Fear, Risk and the First Amendment...», ob. cit., p. 730.

359 STEDH, Gran Sala, de 21 de octubre de 2013, *Del Río Prada c. España*, § 92.

La incertidumbre sobre si un determinado comportamiento constituye ejercicio legítimo de un derecho fundamental o, por el contrario, resulta ilícito es lo que da lugar al efecto desaliento. Esto sucede porque el contenido de algunos derechos fundamentales se encuadra en un ámbito de actividad que coincide solo en parte con su ámbito de protección jurídica, lo que permite distinguir entre ámbito material y ámbito jurídicamente protegido de los derechos fundamentales[360]. Cuando los límites del ámbito jurídicamente protegido de un derecho fundamental están imprecisamente establecidos, una reacción excesiva frente al ejercicio extralimitado de dicho derecho —es decir, un comportamiento encuadrado en su ámbito material, pero excluido de su ámbito de protección jurídica— puede producir un efecto desaliento sobre el ejercicio legítimo del mismo «ante el temor de que cualquier extralimitación sea severamente sancionada»[361].

El efecto desaliento constituye, pues, un efecto «concomitante» o «colateral» de la medida adoptada por los poderes públicos[362]. Dicha medida no se proyecta de manera directa sobre el ejercicio legítimo del derecho fundamental disuadido, sino sobre un comportamiento ilícito inserto en su ámbito material. La disuasión en el ejercicio legítimo del correspondiente derecho fundamental se produce por la dificultad que supone para los ciudadanos identificar los límites de su ámbito de protección jurídica, lo que, en caso de que sus extralimitaciones se repriman con severidad, puede llevarlos a abstenerse de ejercer dicho derecho o a ejercerlo de manera retraída.

---

360 MARTÍNEZ-PUJALTE, Antonio-Luis: «Ámbito material de los derechos fundamentales, dimensión institucional y principio de proporcionalidad», *Persona y Derecho*, n.° 54, 2006, pp. 76 y ss.

361 STC 136/1999, de 20 de julio, FJ 20.

362 DE DOMINGO PÉREZ, Tomás: «La argumentación jurídica en el ámbito de los derechos fundamentales: en torno al denominado "chilling effect" o "efecto desaliento"», *Revista de Estudios Políticos*, n.° 122, 2003, p. 153.

Por tanto, en los casos de efecto desaliento, el ejercicio extralimitado —«pero ejercicio al fin y al cabo»[363]— del derecho fundamental implicado recibe una protección indirecta: la prohibición de verse sometido a una sanción que pueda inhibir el ejercicio legítimo del derecho por parte de los ciudadanos. Para ello, la extralimitación no debe alcanzar a «desnaturalizar» o «desfigurar» el derecho fundamental, de modo que su invocación «se conviert[a] en un mero pretexto o subterfugio para, a su pretendido amparo, cometer actos antijurídicos», sino que, por el contrario, debe encuadrarse inequívocamente «en su contenido y finalidad y, por tanto, en la razón de ser de su consagración constitucional»[364]. En definitiva, quedan cubiertas por la protección indirecta del efecto desaliento aquellas conductas que presentan «una conexión clara e incontestable» con el derecho fundamental y, por tanto, merecen ser encuadradas en su «ámbito objetivo de aplicación»[365].

2. EL EFECTO DESALIENTO COMO DISUASIÓN INDESEABLE: LA DIMENSIÓN INSTITUCIONAL DE LOS DERECHOS FUNDAMENTALES

Los derechos fundamentales ocupan una «posición preferente» en el ordenamiento jurídico[366]. El artículo 10.1 CE les atribuye la condición de «fundamento del orden político y de la paz social», de donde se deriva su doble naturaleza como «derechos subjetivos» de los individuos y «elementos esenciales de un ordenamiento objetivo de la comunidad nacional, en cuanto esta se configura como

---

363 PRIETO SANCHÍS, Luis: «El constitucionalismo de los derechos», *Revista Española de Derecho Constitucional*, año 24, n.º 71, 2004, p. 65.

364 STC 104/2011, de 20 de junio, FJ 6.

365 STC 170/2021, de 7 de octubre, FJ 8.

366 *Vid.*, entre otras, STC 114/1984, de 29 de noviembre, FF. JJ. 2 y 4; STC 69/2001, de 17 de marzo, FJ 26; STC 189/2001, de 24 de septiembre, FJ 1; STC 111/2004, de 12 de julio, FJ 6.

marco de una convivencia humana justa y pacífica»[367]. Así pues, los derechos fundamentales «no incluyen solamente derechos subjetivos de defensa de los individuos frente al Estado, y garantías institucionales», sino que, además,

> «son los componentes estructurales básicos, tanto del conjunto del orden jurídico objetivo como de cada una de las ramas que lo integran, en razón de que son la expresión jurídica de un sistema de valores que, por decisión del constituyente, ha de informar el conjunto de la organización jurídica y política»[368].

También las limitaciones a los derechos fundamentales constituyen «fundamento del orden político y de la paz social», pero «la fuerza expansiva de todo derecho fundamental restringe [su] alcance», de modo que «los límites de los derechos fundamentales [han] de ser interpretados con criterios restrictivos y en el sentido más favorable a la eficacia y a la esencia de tales derechos»[369]. Y es que los poderes públicos tienen el deber tanto de «no lesionar la esfera individual o institucional protegida por los derechos fundamentales» como de «contribuir a la efectividad de tales derechos»[370]. De ahí que el efecto desaliento se repute «indeseable en el Estado democrático»[371].

Si los derechos fundamentales fuesen concebidos como meros derechos subjetivos que otorgan a su titular un haz de facultades cuyo ejercicio debe ser respetado por terceros, los poderes públicos no deberían preocuparse de nada más que de asegurar que los ciudadanos puedan ejercer legítimamente los derechos fundamentales sin ser molestados o sancionados por ello. Su dimensión institucional es la que explica que los poderes públicos se ocupen también de

---

367 STC 25/1981, de 14 de julio, FJ 5.
368 STC 53/1985, de 11 de abril, FJ 4.
369 STC 159/1986, de 16 de diciembre, FJ 6.
370 STC 53/1985, de 11 de abril, FJ 4.
371 STC 297/2000, de 11 de diciembre, FJ 6.

remover aquellos obstáculos que desincentiven a los ciudadanos de ejercer sus derechos fundamentales[372].

El efecto desaliento se proyecta en el ámbito material de aquellos derechos fundamentales cuyo ejercicio comporta un beneficio social, en el sentido de que trasciende al individuo que lo ejerce. No es de extrañar, por ello, que la doctrina del efecto desaliento se haya construido sobre la libertad de expresión (art. 20 CE), derecho fundamental que garantiza «una institución política fundamental, que es la opinión pública libre, indisolublemente ligada con el pluralismo político, que es un valor fundamental y un requisito del funcionamiento del Estado democrático»[373]. Sin la garantía de una comunicación pública libre, «quedarían vacíos de contenido real otros derechos que la Constitución consagra, reducidas a formas hueras las instituciones representativas y absolutamente falseado el principio de libertad democrática [...] que es la base de nuestra organización jurídico-política»[374]. La libertad de expresión «aparece así como uno de los fundamentos indiscutibles del orden constitucional español, colocada en una posición preferente y objeto de especial protección»[375].

---

372 Art. 9.2 CE: «Corresponde a los poderes públicos promover las condiciones para que la libertad y la igualdad del individuo y de los grupos en que se integra sean reales y efectivas; remover los obstáculos que impidan o dificulten su plenitud y facilitar la participación de todos los ciudadanos en la vida política, económica, cultural y social».

373 STC 12/1982, de 31 de marzo, FJ 3.

374 *Idem.*

375 STC 101/2003, de 2 de junio, FJ 3. Vives Antón ha criticado esta concepción de la libertad de expresión como derecho fundamental «preferente», en la medida en que no se encuentra reflejada en la Constitución española. *Vid.* VIVES ANTÓN, Tomás S.: «Sentido y límites de la libertad de expresión», en VIVES ANTÓN, Tomás S.: *La libertad como pretexto*, Tirant lo Blanch, Valencia, 1995, p. 369 («En la medida en que esa "posición preferente" se esgrime frente a otros derechos fundamentales —la intimidad, el honor o el derecho a un proceso con todas las garantías— otorga a la libertad de expresión un *rango superior* a ellos: algo que solo el poder constituyente pudo hacer y, desde luego, no hizo. El Tribunal Constitucional puede llegar, por esa vía, a proclamar la existencia de una Constitución

La importante función institucional que cumple la libertad de expresión impone la necesidad de que se deje «un ámbito exento de coacción lo suficientemente generoso como para que pueda desenvolverse sin angosturas, esto es, sin timidez y sin temor»[376]. De lo contrario, si permitiésemos que una medida coactiva de los poderes públicos «se proyecta[se] sobre conductas demasiado cercanas a lo que constituye el legítimo ejercicio de la libertad de expresión [...], [podría] producir[se] sobre esta un "efecto de desaliento" que limit[ase] indebidamente el libre flujo de las opiniones»[377]. Ello iría «en detrimento de la sociedad en su conjunto»[378].

Ahora bien, esa protección especial que recibe la libertad de expresión se limita a aquellos supuestos en que las informaciones u opiniones emitidas refieren a «asuntos con trascendencia pública»[379]. Solo en estos casos el ejercicio de la libertad de expresión contribuye a la creación o al fortalecimiento de una opinión pública libre, necesaria para que los ciudadanos puedan participar en la vida colectiva[380].

El derecho de reunión (art. 21 CE) también queda cubierto por la protección especial que ofrece la doctrina del efecto desaliento, pues constituye «una manifestación colectiva de la libertad de expresión [...], que opera a modo de técnica instrumental puesta al servicio del intercambio o exposición de ideas, la defensa de intereses o la publicidad de problemas o reivindicaciones»[381]. Hay que tener en cuenta que «para muchos grupos sociales este de-

---

implícita, distinta de la que el pueblo y el Parlamento aprobaron en 1978»).

376 STC 110/2000, de 5 de mayo, FJ 5.

377 Voto particular de Tomás S. Vives Antón a la STC 79/1995, de 22 de mayo, § 7.

378 STEDH, Gran Sala, de 17 de diciembre de 2004, *Cumpǎnǎ y Mazǎre c. Rumanía*, § 114.

379 STC 110/2000, de 5 de mayo, FJ 8.

380 STC 105/1983, de 23 de noviembre, FJ 11.

381 STC 85/1988, de 28 de abril, FJ 2.

recho es, en la práctica, uno de los pocos medios de los que disponen para poder expresar públicamente sus ideas y reivindicaciones»[382], adquiriendo mayor relevancia en estos casos «su configuración como expresión del principio democrático participativo»[383].

Tanto el derecho de reunión como la libertad de expresión mantienen una «estrecha vinculación [...] con la democracia, directa y representativa»[384] y, por tanto, con el derecho a participar en los asuntos públicos (art. 23.1 CE). El ejercicio de este derecho fundamental también contribuye «a la formación y expresión de la opinión pública libre» y al pluralismo político[385].

Otro derecho fundamental cuyo ejercicio comporta un beneficio social y que, en consecuencia, no debe ser desalentado es el derecho de huelga (art. 28.2 CE). La huelga constituye un «instrumento de realización de la democracia social y del principio de igualdad»[386] y, más concretamente, un «instrumento de presión [...] para la afirmación de los intereses de los trabajadores en los conflictos socioeconómicos»[387], esto es, «para el logro de las reivindicaciones obreras»[388]. Un papel similar cumple la libertad sindical (art. 28.1 CE), que se ejerce «en beneficio no solo de los intereses de los trabajadores, sino del interés público, que reclama unas organizaciones sindicales fuertes y dotadas de medios suficientes de acción»[389].

Todos estos derechos garantizan un «derecho a disentir y a trabajar por el cambio social», cuyo ejercicio «no puede ser inhibido ni reprimido por quienes ostentan el poder

---

382 STC 66/1995, de 8 de mayo, FJ 3.
383 STC 172/2020, de 19 de noviembre, FJ 6.
384 *Idem.*
385 STC 136/1999, de 20 de julio, FJ 14.
386 STC 11/1981, de 8 de abril, FJ 7.
387 *Ibid.*, FJ 9.
388 *Ibid.*, FJ 10.
389 STC 99/1983, de 16 de noviembre, FJ 2.

político»[390]. Desde esta perspectiva, la doctrina del efecto desaliento, en su sentido más pleno, consiste en la prohibición de «generar un efecto desaliento en el recurso legítimo a las protestas»[391]. Y es que las acciones de protesta o las expresiones de disidencia, en la medida en que cuestionan el orden establecido, no solo favorecen el pluralismo político y los avances sociales, sino que, además, convierten en sospechosas aquellas actuaciones de los poderes públicos que inciden en su ámbito material[392], lo que hace que el efecto desaliento resulte especialmente indeseable.

Precisamente, la doctrina de la excesiva amplitud se planteó, en sus inicios, en contextos reivindicativos y de cuestionamiento del orden establecido. Así, en el propio caso *Thornhill v. Alabama*[393], el primero en el que se aplicó dicha doctrina, el Tribunal Supremo declaró inválida la ley de Alabama que castigaba los piquetes laborales por entender que su ámbito de aplicación abarcaba «casi todos los medios prácticos y efectivos a través de los cuales [...] los trabajadores [...] podían informar al público sobre la naturaleza y las causas de un conflicto laboral»[394]. Todavía más ilustrativo resulta el siguiente fragmento de la sentencia del caso *NAACP v. Button*[395]:

---

390 SEDLER, Robert Allen: «The First Amendment in Theory and Practice», ob. cit., p. 1079. En esta línea, Vives Antón señala que «el contenido esencial de la libertad de expresión, ese "núcleo duro" que ningún poder puede invadir, se halla constituido por el *derecho al disentimiento razonado*». *Vid.* VIVES ANTÓN, Tomás S.: «Sentido y límites de la libertad de expresión», ob. cit., p. 371.

391 STEDH, Sección 3.ª, de 26 de abril de 2016, *Novikova y otros c. Rusia*, § 211.

392 *Vid.* VIVES ANTÓN, Tomás S.: *Libertad de prensa y responsabilidad criminal*, Instituto de Criminología de la Universidad Complutense de Madrid, 1977, p. 44 («No cabe olvidar que la libertad de prensa es una libertad-oposición, y, realmente, no puede esperarse que el Gobierno sea un eficaz garante de una libertad que pueda esgrimirse contra él»).

393 310 U.S. 88 (1940).

394 *Ibid.*, p. 104.

395 371 U.S. 415 (1963).

> «Es suficiente que una ley vaga y amplia se preste a aplicarse selectivamente contra causas impopulares. No podemos cerrar los ojos ante el hecho de que el movimiento militante por los derechos civiles de los negros ha generado un intenso resentimiento y oposición por parte de la comunidad blanca, políticamente dominante, de Virginia; los litigios promovidos por la NAACP se han combatido encarnizadamente. En tales circunstancias, una ley que restringe ampliamente la actividad de un grupo encaminada a litigar puede convertirse fácilmente en un arma de opresión, por muy imparciales que parezcan sus términos. Su mera existencia bien podría congelar toda actividad llevada a cabo en favor de los derechos civiles de los ciudadanos negros»[396].

En el polo opuesto se sitúa el discurso del odio, dado que no contribuye a ningún debate sobre asuntos de interés público[397]. El efecto desaliento en el ejercicio de la libertad de expresión que puede provocar la imposición de una sanción a los autores de esta clase de mensajes se ve compensado por el objetivo de evitar un efecto silenciador en el grupo destinatario[398]. En la medida en que el discurso del odio tiende a inhibir la participación en el debate público de sus víctimas[399], su disuasión comporta un beneficio social. Con esto no se está diciendo que el discurso del odio deba ser castigado, sino que el efecto desaliento que pueda proyectarse sobre él no justifica la adopción de medidas encaminadas a evitarlo, al no redundar en perjuicio de la sociedad.

---

396 *Ibid.*, pp. 435-436.

397 STEDH, Sección 3.ª, de 11 de febrero de 2020, *Atamanchuk c. Rusia*, §§ 60-62.

398 CORRECHER MIRA, Jorge: «Discurso del odio y minorías: redefiniendo la libertad de expresión», *Teoría & Derecho*, n.º 28, 2020, pp. 182 y ss.

399 FISS, Owen: «El efecto silenciador de la libertad de expresión», *Isonomía*, n.º 4, 1996, p. 22.

3. EL EFECTO DESALIENTO COMO PROBLEMA DE DERECHO PENAL

3.1. La vinculación del efecto desaliento con el Derecho penal

El efecto desaliento puede venir causado por medidas de diversa naturaleza, no solamente penales. Cualquier injerencia de los poderes públicos en los derechos fundamentales de los ciudadanos debe cumplir el test de «necesidad en una sociedad democrática», es decir, debe resultar proporcionada al objetivo legítimo al que se encaminaba, habiéndose aducido razones relevantes y suficientes para su justificación[400]. Para valorar la proporcionalidad y la justificación de dicha injerencia, entre otras circunstancias, se toma en cuenta su posible efecto desaliento[401].

Ahora bien, no todo efecto desaliento determina la ilegitimidad, por desproporcionada e injustificada, de una medida restrictiva de derechos fundamentales adoptada por los poderes públicos. La naturaleza y la gravedad de la medida influyen en la valoración de su proporcionalidad y justificación[402]. En este sentido, en el marco del debate sobre asuntos de interés público, el TEDH ha señalado que las sanciones penales desalentadoras, en general, «requieren una justificación especial»[403] y que las de prisión, en concreto, resultan, en principio, ilegítimas[404].

En la jurisprudencia constitucional española, la vinculación del efecto desaliento con el Derecho penal es aún

---

400 STEDH, Gran Sala, de 15 de octubre de 2015, *Kudrevičius y otros c. Lituania*, § 143.

401 STEDH, Gran Sala, de 17 de diciembre de 2004, *Cumpǎnǎ y Mazǎre c. Rumanía*, § 114.

402 *Ibid.*, § 111 («La naturaleza y la gravedad de las sanciones impuestas son factores que deben ser tomados en cuenta al evaluar la proporcionalidad de una injerencia en la libertad de expresión garantizada por el artículo 10»).

403 STEDH, Gran Sala, de 15 de octubre de 2015, *Kudrevičius y otros c. Lituania*, § 146.

404 STEDH, Gran Sala, de 17 de diciembre de 2004, *Cumpǎnǎ y Mazǎre c. Rumanía*, § 116.

mayor, hasta el punto de que el Tribunal Constitucional ha formulado la doctrina del efecto desaliento como una doctrina exclusivamente penal, tal y como se refleja en el siguiente fragmento de la STC 104/2011, de 20 de junio:

> «[en] aquellos casos en los que, a pesar de que el comportamiento no resulte plena y escrupulosamente ajustado a las condiciones y límites del derecho fundamental, se aprecie inequívocamente que el acto se encuadra en su contenido y finalidad y, por tanto, en la razón de ser de su consagración constitucional [...], sin perjuicio de otras consecuencias que el exceso en que se incurrió pudiera eventualmente comportar, la gravedad que representa la sanción penal supondría una vulneración del derecho, al implicar un sacrificio desproporcionado e innecesario de los derechos fundamentales en juego que podría tener un efecto disuasorio o desalentador de su ejercicio»[405].

De acuerdo con este planteamiento, las extralimitaciones en el ejercicio de un derecho fundamental próximas a su ámbito de protección jurídica pueden ser sancionadas, pero no con penas —o, al menos, no con penas de cierta gravedad—. La doctrina del efecto desaliento así concebida constituye una manifestación más del principio de prohibición de exceso.

3.2. *La distinción entre el efecto desaliento y los fines preventivos de la pena*

El efecto desaliento de las penas no debe confundirse con sus fines preventivos. Toda pena busca disuadir a los ciudadanos, en general (prevención general), y al sujeto infractor, en especial (prevención especial), de realizar aquellos comportamientos ilícitos que se subsumen en el supuesto de hecho de la correspondiente norma penal. Este efecto disuasorio de las penas resulta deseable.

---

[405] STC 104/2011, de 20 de junio, FJ 6.

No resulta deseable, en cambio, que una pena disuada a los ciudadanos de ejercer un derecho fundamental, aunque se imponga por la comisión de un comportamiento antijurídico. En estos casos, la pena no es, de entrada, ilegítima, pues castiga una conducta ilícita, pero acaba siéndolo por su *potencial* efecto disuasorio en el ejercicio futuro de un derecho fundamental. He aquí el efecto desaliento.

La disuasión en la que consiste el efecto desaliento es menos previsible que la disuasión en la que consisten los fines preventivos de la pena. Como apunta el magistrado Vicente Conde Martín de Hijas en su voto particular a la STC 136/1999, de 20 de julio, el efecto disuasorio de la pena, «que se refiere a la acción típica, no tiene por qué expandirse a conductas lícitas ajenas a ella»; por ejemplo, ese efecto «derivado de un delito de estafa [...] se proyectará sobre ulteriores posibles conductas estafadoras en general (prevención general) o del mismo estafador (prevención especial), pero no tiene por qué impedir el negocio lícito de nadie»[406].

Pero hay ámbitos en los que, si bien confluyen actividades lícitas e ilícitas, la barrera que las separa es estrecha, de modo que, en consideración al valor social de las primeras, se prohíbe el castigo —o, al menos, con determinada pena— de las segundas, pues se presume que al castigar estas se verá negativamente afectado el ejercicio futuro de aquellas. Esta presunción es válida desde una perspectiva democrática: es preferible dejar impunes —o castigar con una pena menor— conductas ilícitas próximas al ámbito jurídicamente protegido de un derecho fundamental que arriesgarse a la disuasión —o a cierto grado de disuasión— de su ejercicio legítimo.

---

406 Voto particular de Vicente Conde Martín de Hijas a la STC 136/1999, de 20 de julio, FJ 9.

3.3. El efecto desaliento y el principio de taxatividad

El efecto desaliento tiene su origen en la doctrina jurisprudencial estadounidense de la excesiva amplitud (*overbreadth*), en virtud de la cual se consideran inválidas aquellas normas sancionadoras que, aunque persiguen fines legítimos, están redactadas en tales términos que resultan abstractamente aplicables a una cantidad sustancial de conductas expresivas constitucionalmente protegidas, disuadiendo del ejercicio legítimo de la libertad de expresión[407]. En el contexto de esta doctrina, el efecto desaliento constituye un problema de legalidad: la causa del *chilling effect* es un inadecuado diseño de los supuestos de hecho de las normas jurídicas.

También en el Tribunal Constitucional español el efecto desaliento tiene que ver con la «excesiva amplitud e indeterminación» de las normas penales[408]. En los supuestos en los que esta clase de normas pueden resultar aplicables a comportamientos enmarcados en el ámbito material de la libertad de expresión o de otros derechos fundamentales, «la relativa indeterminación del precepto [...] puede inhibir de modo natural el ejercicio de tales libertades, necesarias para el funcionamiento democrático de la sociedad»[409]. Por eso, en estos casos, «las exigencias de tipicidad [...] deben extremarse»[410].

Ahora bien, en la jurisprudencia constitucional española, la excesiva amplitud de una norma penal indirectamente inhibidora del ejercicio de los derechos de expresión, reivindicación o protesta no determina, por sí misma, su invalidez. El control de constitucionalidad sobre la actividad del legislador es limitado, debido al «amplio margen

---

407 *Vid.* Capítulo I.

408 LOPERA MESA, Gloria Patricia: *Principio de proporcionalidad y ley penal*, Centro de Estudios Políticos y Constitucionales, Madrid, 2006, p. 568, nota 40.

409 STC 136/1999, de 20 de julio, FJ 29.

410 Voto particular de Tomás S. Vives Antón a la STC 46/1998, de 2 de marzo, § 4.

de libertad de configuración que es propio de su potestad legislativa»[411]. De este modo, cuando una norma penal, «dado su amplio y vago tenor literal, no excluye expresamente su aplicación a conductas» enmarcadas en el ámbito material de tales derechos[412], el reproche constitucional no se dirige tanto al legislador como al órgano jurisdiccional que aplica dicha norma sin considerar que su aplicación «podría producir un efecto desaliento»[413].

Lo anterior no quita que el legislador deba ser especialmente cauteloso al tipificar como delitos comportamientos que integran el ámbito material de aquellos derechos fundamentales cuyo ejercicio contribuye a robustecer la democracia o a hacer avanzar la sociedad. Estos derechos necesitan «de un amplio espacio exento de coacción, lo suficientemente generoso como para que pueda[n] desenvolverse sin angostura; esto es, sin timidez y sin temor»[414]. De acuerdo con ello, las normas penales no pueden castigar —o, al menos, no con cierto tipo y cantidad de pena— conductas que constituyan extralimitaciones en el ejercicio de tales derechos próximas a su ámbito de protección jurídica.

3.4. El efecto desaliento como problema de proporcionalidad de las penas

La doctrina del efecto desaliento está vinculada con el principio de proporcionalidad: la medida que provoca el efecto desaliento implica «un sacrificio desproporcionado e innecesario de los derechos fundamentales en juego»[415]. Ahora bien, ese sacrificio desproporcionado «puede producirse bien por resultar innecesaria una reacción de tipo

---

411 STC 16/1994, de 20 de enero, FJ 3.
412 STC 88/2003, de 19 de mayo, FJ 14.
413 STC 35/2020, de 25 de febrero, FJ 5.
414 STC 50/2010, de 4 de octubre, FJ 7.
415 STC 104/2011, de 20 de junio, FJ 6.

penal o bien por ser excesiva la cuantía o extensión de la pena en relación con la entidad del delito»[416].

Inicialmente, el Tribunal Constitucional concibió el efecto desaliento como un problema de *quantum* de la pena. Según la STC 136/1999, de 20 de julio, lo que «puede producir efectos disuasorios o de desaliento sobre el ejercicio legítimo» de un derecho fundamental es «una reacción penal excesiva frente a [su] ejercicio ilícito», pues los ciudadanos, «sobre todo si los límites penales están imprecisamente establecidos, pueden no ejercerlo libremente ante el temor de que cualquier extralimitación sea severamente sancionada»[417].

En la misma línea, Cuerda Riezu no vincula el efecto desaliento «con toda la pena en sentido cuantitativo, sino solamente con la parte o fragmento de la misma que resulta excesiva y, precisamente por ello, desproporcionada»[418]. Lo ilegítimo no sería «la imposición de una pena en abstracto», sino «el exceso en la cantidad concreta de la pena —es decir, el fragmento que está aquejado de desproporción—»[419].

Actualmente, el efecto desaliento se asocia, en nuestra jurisprudencia constitucional, con la naturaleza penal de la sanción, no con su excesiva cuantía. De acuerdo con la STC 104/2011, de 20 de junio, la doctrina del efecto desaliento «cuestiona [...] la aplicación de los tipos penales en aquellos supuestos en los que, pese a que puedan apreciarse excesos en el ejercicio del derecho fundamental, estos no alcanzan a desnaturalizarlo o desfigurarlo», pues en tales

---

416 STC 136/1999, de 20 de julio, FJ 22.

417 *Ibid.*, FJ 20.

418 CUERDA RIEZU, Antonio: «Proporcionalidad, efecto desaliento y algunos silencios en la Sentencia del Tribunal Constitucional 136/1999, que otorgó el amparo a los dirigentes de Herri Batasuna», en DÍEZ RIPOLLÉS, José Luis; ROMEO CASABONA, Carlos María; GRACIA MARTÍN, Luis, e HIGUERA GUIMERÁ, Juan Felipe (Eds.): *La ciencia del Derecho penal ante el nuevo siglo. Libro homenaje al Profesor Doctor Don José Cerezo Mir*, Tecnos, Madrid, 2002, p. 253.

419 *Idem.*

casos «la gravedad que representa la sanción penal supondría una vulneración del derecho, al implicar un sacrificio desproporcionado e innecesario de los derechos fundamentales en juego que podría tener un efecto disuasorio o desalentador de su ejercicio»[420].

Como señala Navarro Frías, «los ciudadanos tienen miedo a ser castigados *a secas*, más que a ser castigados *mucho*»[421]; un temor que puede venir causado por «el mero inicio del proceso penal, la "pena de banquillo", [...] incluso cuando el resultado final fuera la absolución»[422]. Por eso, la citada autora dice que «el desaliento tendría más que ver con la construcción del tipo que con la construcción de la consecuencia jurídica»[423], mientras que el Tribunal Constitucional y el TEDH vinculan dicho efecto, principalmente, con la subsunción, esto es, con la aplicación del tipo penal al caso concreto[424].

4. EL TRATAMIENTO JURÍDICO-PENAL DEL EFECTO DESALIENTO

4.1. El efecto desaliento como causa de inconstitucionalidad de las normas penales

En la STC 136/1999, de 20 de julio, el Tribunal Constitucional otorgó el amparo a los recurrentes —miembros de

---

420 STC 104/2011, de 20 de junio, FJ 6.

421 NAVARRO FRÍAS, Irene: «El principio de proporcionalidad en sentido estricto: ¿principio de proporcionalidad entre el delito y la pena o balance global de costes y beneficios?», *InDret*, n.º 2, 2010, p. 22.

422 CABELLOS ESPIÉRREZ, Miguel Ángel: «¿Un problema de metodología? Las dificultades de la jurisprudencia constitucional para enjuiciar con pautas estables el castigo de formas y discursos potencialmente lesivos de reivindicación, crítica o protesta», *Revista de Derecho Político*, n.º 113, 2022, p. 39.

423 NAVARRO FRÍAS, Irene: «El principio de proporcionalidad en sentido estricto...», ob. cit., p. 22.

424 *Vid.* Capítulos II y III.

la Mesa Nacional de Herri Batasuna condenados como autores de un delito de colaboración con banda armada—[425], por entender que el precepto que se les había aplicado, el artículo 174 bis a) del Código Penal de 1973,

> «resulta [...] inconstitucional [...] en la medida en que no incorpora previsión alguna que hubiera permitido atemperar la sanción penal a la entidad de actos de colaboración con banda armada que, si bien pueden en ocasiones ser de escasa trascendencia en atención al bien jurídico protegido, no por ello deben quedar impunes»[426].

De acuerdo con la citada sentencia, en supuestos como este, «la relativa indeterminación del precepto» no plantea «problemas desde el punto de vista de la taxatividad», pero «puede crear alguna incertidumbre acerca de si la expresión de unas ideas, la comunicación de una información o la participación en una determinada actividad pública es lícita o, por el contrario, resulta muy severamente penada»; incertidumbre que

> «puede inhibir de modo natural el ejercicio de tales libertades, necesarias para el funcionamiento democrático de la sociedad y radicalmente imprescindibles cuando tal ejercicio se refiere a los partidos políticos y al momento en el que se dirigen a recabar la voluntad de los ciudadanos»[427].

El problema del delito de colaboración con banda armada del artículo 174 bis a) del Código Penal de 1973 no era su amplia apertura, que respondía a «la necesidad de no dejar fuera, dentro de lo posible, ninguna forma o variedad de respaldo individual o social al fenómeno terrorista», sino que dicha apertura no fuese «acompañada de la consiguiente ampliación [...] del marco punitivo», de modo

---

[425] Para una información más amplia sobre el caso, *vid.* Capítulo III.

[426] STC 136/1999, de 20 de julio, FJ 30. No se declaró la inconstitucionalidad del precepto porque había sido derogado por la entrada en vigor del vigente Código penal.

[427] *Ibid.*, FJ 29.

que el juez dispusiese «de los resortes legales necesarios a la hora de determinar y adecuar la pena correspondiente en concreto a cada forma de manifestación de estas conductas de colaboración con los grupos terroristas»[428]. No habiéndose previsto ningún mecanismo que permitiera rebajar la pena mínima de seis años y un día de prisión para castigar actos de colaboración con banda armada de menor entidad, como los enjuiciados en el recurso de amparo, los órganos jurisdiccionales se situaban «ante la disyuntiva ya sea de incurrir en evidente desproporción, ya sea de dejar impunes conductas particularmente reprochables»[429].

Por tanto, en la STC 136/1999, de 20 de julio, el efecto desaliento que en el ejercicio de las libertades de expresión, de información y de participación política provocó la condena penal de los recurrentes no se atribuyó al órgano jurisdiccional que impuso la pena desproporcionada, sino al legislador que no previó la posibilidad de imponer una pena menor. En definitiva, el efecto desaliento determina en este caso la inconstitucionalidad de una norma penal, pero no por la excesiva amplitud con la que se describe la conducta típica, sino por la desproporción de las penas que se prevén para su castigo.

4.2. El efecto desaliento como causa de justificación

La pena que causa el efecto desaliento debe proyectarse sobre un comportamiento antijurídico. El castigo de conductas lícitas es, en sí mismo, inconstitucional: ninguna función cumple en este caso la noción de efecto desaliento[430]. Por eso, llama la atención que en algunos pronunciamientos judiciales se aluda a la doctrina del efecto desaliento para, finalmente, afirmar que las acciones enjuiciadas

---

428 *Ibid.*, FJ 30.

429 *Idem.*

430 SCHAUER, Frederick: «Fear, Risk and the First Amendment…», ob. cit., pp. 692-693.

están justificadas por el ejercicio *legítimo* de un derecho fundamental (art. 20.7.º CP).

La sentencia más representativa de esta línea jurisprudencial es la recaída, en primera instancia, en el caso *Aturem el Parlament*, en la que la Sección 1.ª de la Sala de lo Penal de la Audiencia Nacional recurrió a la doctrina del efecto desaliento para absolver a los acusados del delito contra las instituciones del Estado del artículo 498 CP[431] por las acciones llevadas a cabo durante la manifestación celebrada el 15 de junio de 2011 ante el Parlamento de Cataluña en protesta contra las medidas presupuestarias de reducción del gasto social que iban a ser aprobadas[432]. Algunas de esas acciones consistieron en «ponerse delante de los diputados [que acudían a la sesión plenaria] con los brazos abiertos o caminar detrás de ellos con los brazos en alto, al tiempo que se coreaban las consignas sobre el recorte presupuestario o la falta de legitimidad de la representación que ostentaban»; conductas que conllevan «un cierto significado de exceso o abuso del derecho de manifestación», pero que se encuentran «íntima e inequívocamente conectadas con el derecho a la protesta que allí se ejercitaba»[433]. El tribunal considera que tales acciones «deben entenderse irrelevantes desde la perspectiva del tipo penal y, en cualquier caso, justificadas por el ejercicio fundamental del derecho de manifestación (art. 20.7 CP)»[434], fundamentando su calificación en la doctrina del efecto desaliento:

> «Es aquí donde la doctrina del efecto desaliento, pauta del juicio de proporcionalidad penal cuando se afectan derechos fundamentales, despliega sus efectos. Porque

---

431 Art. 498 CP: «Los que emplearen fuerza, violencia, intimidación o amenaza grave para impedir a un miembro del Congreso de los Diputados, del Senado o de una Asamblea Legislativa de Comunidad Autónoma asistir a sus reuniones, o, por los mismos medios, coartaren la libre manifestación de sus opiniones o la emisión de su voto, serán castigados con la pena de prisión de tres a cinco años».

432 SAN, Sala de lo Penal, Sección 1.ª, n.º 31/2014, de 7 de julio.

433 *Ibid.*, FJ 2.1.3.

434 *Idem.*

> la sanción penal que no tuviera en cuenta que los acusados cuyos actos analizamos ejercían un derecho fundamental, enviaría un mensaje de desincentivación de la participación democrática directa de los ciudadanos en las cosas comunes y del ejercicio de la crítica política. Porque las acciones que las acusaciones pretenden incriminar consistían en la expresión pública de la crítica a quienes ostentaban en aquel momento la representación popular, por parte de un grupo de personas que se confrontaban con sus parlamentarios —en los términos que la autoridad gubernativa había considerado—, para trasladarles un comunicado de repulsa ante las decisiones que iban adoptar en la sesión plenaria, algo que se integra en el núcleo de la democracia, en el corazón del sistema, en la medida que expresa participación ciudadana directa, libertad de expresión, pluralismo político y acceso al espacio público de las voces de disenso de los desfavorecidos por las políticas públicas de austeridad, es decir, remoción de los obstáculos a la igualdad. La prohibición de exceso aconseja una interpretación estricta del tipo penal ante una acción íntimamente relacionada, por su contenido y fines, con el ámbito constitucionalmente protegido del derecho fundamental, dejando fuera de lo prohibido conductas de escasa lesividad, que carecen de la capacidad suficiente como para comprometer el bien jurídico, ya que no tenían idoneidad para impedir a los diputados la asistencia a la reunión del Parlament o para coartar, siquiera influir, su libertad de opinión o de voto»[435].

Como apunta Cuerda Arnau, esta sentencia «resulta algo confusa»[436]. No es coherente justificar un comportamiento aparentemente delictivo aplicando el artículo 20.7.º CP, que presupone «el ejercicio *legítimo* de un derecho» y, a la vez, fundamentar la absolución recurriendo a la doctrina del efecto desaliento, que presupone el ejercicio *extralimitado* —esto es: *ilegítimo*— de un derecho. Si, como dice la sentencia, algunas de las acciones enjuiciadas impli-

---

435 *Idem.*

436 CUERDA ARNAU, María Luisa: «La doctrina del efecto de desaliento...», ob. cit., p. 123.

caron un «exceso o abuso del derecho de manifestación», tales acciones no pueden justificarse en virtud del artículo 20.7.º CP. Además, era innecesario entrar en esta cuestión, pues las referidas conductas, con independencia de que se llevaran a cabo en el contexto del ejercicio —legítimo o ilegítimo— de un derecho fundamental o no, carecían de antijuridicidad material, ya que «no tenían idoneidad para impedir a los diputados la asistencia a la reunión del Parlament o para coartar, siquiera influir, su libertad de opinión o de voto» y, por tanto, «para comprometer el bien jurídico»[437].

4.3. El efecto desaliento como eximente incompleta

La sentencia de la Audiencia Nacional del caso *Aturem el Parlament* fue casada por la Sala Segunda del Tribunal Supremo, que condenó a los acusados a una pena de tres años de prisión como autores de un delito contra las instituciones del Estado del artículo 498 CP[438]. Se rechazó la aplicabilidad de la causa de justificación del artículo 20.7.º CP, omitiéndose cualquier análisis sobre el posible efecto desaliento en el ejercicio del derecho de reunión que comportaría la imposición de la referida sanción.

El Tribunal Constitucional, en su resolución desestimatoria del recurso de amparo contra la sentencia de casación, sí se refirió al efecto desaliento, negando su operatividad en este caso. Según la mayoría del tribunal, «la conducta de [los recurrentes], en cuanto partícipes de aquella concentración, tenía un objetivo, el de "parar el Parlament", esto es, el de impedir el funcionamiento normal de la Cámara», que resulta incompatible con el ejercicio legítimo o extralimitado de un derecho y, en consecuencia, con «la concurrencia de una causa de justificación que exonerara

---

437 SAN, Sala de lo Penal, Sección 1.ª, n.º 31/2014, de 7 de julio, FJ 2.1.3.

438 STS, Sala Segunda, n.º 161/2015, de 17 de marzo.

a los recurrentes de la conducta antijurídica cometida», así como con «la apreciación de que la condena penal haya podido generar un "efecto desalentador" del ejercicio de los derechos fundamentales en las conductas sancionadas»[439].

Este planteamiento fue rebatido por el magistrado Conde-Pumpido Tourón, quien en su voto particular a la STC 133/2021, de 24 de junio, sostiene que las conductas de los condenados por el caso *Aturem el Parlament* «constituyeron actos de protesta y reivindicación extralimitados que [...] se encuentran directamente relacionados con las críticas políticas y de carácter social que justificaron la convocatoria de la reunión pública y manifestación ante el Parlamento de Cataluña» y que, por ello, «no quedan fuera del marco general de protección que la Constitución otorga a los derechos de libre expresión, reunión y manifestación»[440]. Tales conductas, «por su contenido coercitivo, [...] no pueden ser consideradas ejercicio plenamente legítimo del derecho de reunión y manifestación» y, por tanto, no resulta aplicable la causa de justificación del artículo 20.7.º CP[441]. Ahora bien, dado que «las conductas enjuiciadas exteriorizaban una protesta política y social, esta[ndo] directamente relacionadas con el ejercicio de los derechos fundamentales alegados», debería haberse apreciado en ellas

> «una menor antijuridicidad, un menor contenido lesivo que, de haber sido tenido en cuenta al valorar jurídico-penalmente la conducta de los recurrentes, hubiera llevado a atenuar la duración concreta de la pena privativa de libertad impuesta por debajo del mínimo legal abstracto establecido»[442].

Para estos supuestos de comportamientos delictivos realizados en el ejercicio extralimitado de derechos fundamentales, Conde-Pumpido propone la apreciación de una

---

439 STC 133/2021, de 24 de junio, FJ 7.2.2.

440 Voto particular de Cándido Conde-Pumpido Tourón a la STC 133/2021, de 24 de junio, FJ 1.2.

441 *Ibid.*, FJ 3.2.

442 *Idem.*

eximente incompleta en relación con el artículo 20.7.º CP, de modo que se imponga «la pena inferior en uno o dos grados a la señalada por la ley» (art. 68 CP), previsión legal que permite «individualizar y atemperar la reacción penal a la antijuridicidad de las conductas» llevadas a cabo en dicho contexto[443]. Esta solución para los supuestos de efecto desaliento también ha sido propuesta por un sector de la doctrina[444].

---

443 *Idem.*

444 *Vid.* MIR PUIG, Santiago: «Principio de proporcionalidad y fines del Derecho Penal», en ECHANO BASALDÚA, Juan I. (coord.): *Estudios Jurídicos en Memoria de José María Lidón*, Universidad de Deusto, Bilbao, 2002, p. 365 («Si el Tribunal considera que la proximidad de los derechos fundamentales citados exige una disminución importante de la pena, ello hubiera hecho procedente la estimación de una *eximente incompleta de ejercicio de un derecho*, o, por lo menos, la *atenuante analógica muy cualificada* en relación con dicha eximente incompleta»); PAREDES CASTAÑÓN, José Manuel: «Tipicidad y atipicidad en el delito de coacciones a parlamentarios (art. 498 CP): comentario sobre el caso "*Aturem el Parlament*"», en BACIGALUPO SAGGESE, Silvina; FEIJOO SÁNCHEZ, Bernardo José, y ECHANO BASALDUA, José Ignacio (coords.): *Estudios de Derecho penal (homenaje al profesor Miguel Bajo)*, Editorial Universitaria Ramón Areces, Madrid, 2016, p. 1251 («A igual grado de lesión del bien jurídico protegido, el ejercicio excesivo —y penalmente típico— de un derecho fundamental es, por decirlo así, menos negligente [menos distante del modelo de conducta debida] que la misma acción, también lesiva, cuando es realizada fuera de dicho contexto. Y, por consiguiente, el grado de antijuridicidad de la acción es, globalmente, también menor. Esta relevancia del ejercicio del derecho fundamental para el grado de antijuridicidad de la acción penalmente típica, en el caso del Derecho español, puede y debe ser hecha valer a través del concreto mecanismo legal de las eximentes [causas de justificación] incompletas: es decir, a través de la estimación de una atenuante del art. 21.1.º CP, en relación con el art. 20.7.º CP»); PORTILLA CONTRERAS, Guillermo: «La contrarrevolución preventiva emprendida por el Derecho penal y administrativo para hacer frente a los movimientos de protesta y desobediencia civil», en CUERDA ARNAU, María Luisa, y GARCÍA AMADO, Juan Antonio (Dirs.): *Protección jurídica del orden público, la paz pública y la seguridad ciudadana*, Tirant lo Blanch, Valencia, 2016, pp. 77, 79 y 82 («Solo cuando [...] estemos ante supuestos de excesos graves en el ejercicio del derecho, tal extralimitación no se justificaría, aunque siempre puede recurrirse a la eximente incompleta del art. 20.7 CP»).

4.4. *El efecto desaliento como causa de exclusión de la antijuridicidad penal*

El efecto desaliento presupone la realización de un comportamiento antijurídico, esto es, contrario a Derecho. El ordenamiento jurídico no ampara el ejercicio extralimitado o abusivo de los derechos fundamentales. Así lo señala expresamente el artículo 7.2 del Código Civil:

> «La Ley no ampara el abuso del derecho o el ejercicio antisocial del mismo. Todo acto u omisión que por la intención de su autor, por su objeto o por las circunstancias en que se realice sobrepase manifiestamente los límites normales del ejercicio de un derecho, con daño para tercero, dará lugar a la correspondiente indemnización y a la adopción de las medidas judiciales o administrativas que impidan la persistencia en el abuso».

Ahora bien, que el ejercicio extralimitado de un derecho fundamental constituya un comportamiento antijurídico no quiere decir que tenga relevancia penal y que sea, por tanto, *penalmente* antijurídico. Para ello, es necesario que dicho comportamiento se subsuma en un tipo penal, que lesione o ponga en peligro el bien jurídico protegido y, además, que no concurra ninguna circunstancia que excluya la antijuridicidad penal. Pues bien, para algunos autores, como Rodríguez Montañés, una de esas circunstancias —que ella denomina «causas de exclusión de la tipicidad penal o del injusto penal»— es el efecto desaliento que puede provocar el castigo del comportamiento típico —o aparentemente típico— realizado en el ejercicio extralimitado de algún derecho fundamental[445]. Para negar la relevancia penal de esta clase de conductas, la citada autora propone acudir a los instrumentos de «la adecuación social

---

[445] RODRÍGUEZ MONTAÑÉS, Teresa: *Libertad de expresión, discurso extremo y delito. Una aproximación desde la Constitución a las fronteras del derecho penal*, Tirant lo Blanch, Valencia, 2012, pp. 97-98.

no justificante, el principio de insignificancia o la tolerancia social»[446].

En la misma línea, el ATC 377/2004, de 7 de octubre, señala que el exceso en el ejercicio de un derecho fundamental enmarcado en su ámbito objetivo «puede convertir la conducta en antijurídica (y merecedora, en su caso, de algún tipo de sanción civil, laboral o administrativa, en función del tipo de derecho ejercitado o del ámbito donde se perfeccione), aunque no alcance a legitimar una sanción penal», pues,

> «teniendo en cuenta los principios de *ultima ratio* e intervención mínima que han de orientar la intervención penal en un Estado social y democrático de Derecho, como el consagrado por nuestra Constitución, el límite a la posibilidad de intervención penal no puede establecerse [...] en función del respeto estricto a los límites del ejercicio del derecho fundamental. En efecto, no sería constitucionalmente acogible la aplicación de una sanción penal en aquellos supuestos en que el ejercicio no pueda calificarse de legítimo (por haber incurrido en alguna extralimitación), pero en los que la conducta se enmarque inequívocamente en el ámbito objetivo del ejercicio del derecho fundamental, en el haz de garantías y posibilidades de actuación o resistencia que otorga, en atención al contenido y finalidad del acto enjuiciado y a los medios empleados. [...] De otro modo existirían solo dos terrenos, el de lo constitucionalmente protegido y el de lo punible, lo que no puede admitirse»[447].

En igual sentido, la STC 104/2011, de 20 de junio, dice:

> «[en] aquellos casos en los que, a pesar de que el comportamiento no resulte plena y escrupulosamente ajustado a las condiciones y límites del derecho fundamental, se aprecie inequívocamente que el acto se encuadra en su contenido y finalidad y, por tanto, en la razón de ser de su consagración constitucional [...], sin perjuicio de otras consecuencias que el exceso en

---

446 *Ibid.*, p. 98.

447 ATC 377/2004, de 7 de octubre, FJ 1.

> que se incurrió pudiera eventualmente comportar, la gravedad que representa la sanción penal supondría una vulneración del derecho, al implicar un sacrificio desproporcionado e innecesario de los derechos fundamentales en juego que podría tener un efecto disuasorio o desalentador de su ejercicio»[448].

4.5. *El efecto desaliento y la aplicación de una pena alternativa a la de prisión*

Otra solución que se ha propuesto para resolver los supuestos de efecto desaliento es aplicar una pena alternativa a la de prisión en aquellos casos en que el legislador haya previsto dicha opción[449], como ocurre en el delito de desórdenes públicos del artículo 558 CP, que tiene asignada una pena de prisión de tres a seis meses o multa de seis a doce meses. Precisamente en un caso de desórdenes públicos, la Sentencia del Juzgado de lo Penal n.º 1 de Palma de Mallorca n.º 336/2014, de 15 de septiembre, tuvo en cuenta el especial efecto desaliento que comportaría la aplicación de una pena de prisión para decantarse por la imposición de una pena de multa:

> «Dado que, como se ha expuesto, la libertad de expresión necesita de un amplio espacio que ha de ser respetado rigurosamente por el juez para no hacer del Derecho Penal un factor de disuasión del ejercicio de la libertad, el Tribunal Europeo de derechos humanos exige, para reconocer legitimidad a la sanción de conductas relacionadas con el ejercicio de derechos fundamentales, no sólo que —como en el caso que nos ocupa— fuera necesaria la limitación en una sociedad democrática, sino que también atiende a la naturaleza y gravedad de la sanción y el consiguiente efecto desaliento que conllevan, sobre todo las penas de prisión.

---

448 STC 104/2011, de 20 de junio, FJ 6.

449 CARDENAL MONTRAVETA, Sergi: «Expresiones, prohibiciones y penas», *Revista Electrónica de Ciencia Penal y Criminología*, n.º 24-13, 2022, p. 24; CUERDA ARNAU, María Luisa: «La doctrina del efecto de desaliento…», ob. cit., p. 107.

> Por tanto, en la alternativa, se optará, conforme a la petición del Ministerio Fiscal, por la pena de multa, en extensión de 8 meses, a razón de 3 euros diarios (atendida la condición de estudiantes de los acusados a los que han de suponerse escasos ingresos económicos), con responsabilidad personal subsidiaria de un día de privación de libertad por cada dos cuotas impagadas ex art. 53 CP»[450].

4.6. *Toma de posición*

El efecto desaliento de una pena no puede dar lugar a la apreciación de la causa de justificación de «ejercicio *legítimo* de un derecho» (art. 20.7.° CP). Esta es la única de las soluciones propuestas analizadas que cabe desechar de entrada, pues en los supuestos de efecto desaliento lo que es objeto de sanción es el ejercicio *extralimitado* de un derecho fundamental.

La pena desalentadora se proyecta directamente sobre un comportamiento antijurídico, frente al cual el ordenamiento jurídico puede reaccionar. Lo que no está claro es si, dada la proximidad de dicho comportamiento con el ejercicio legítimo de un derecho fundamental, el medio reactivo puede consistir en una sanción penal. El Tribunal Constitucional señala que, en tales casos, «la gravedad que representa la sanción penal supondría una vulneración del derecho [fundamental]»[451]. Por su parte, el TEDH, aunque admite la posibilidad de sancionar penalmente los supuestos de efecto desaliento siempre que se aduzca una «justificación especial»[452], en alguna ocasión ha considerado que dicha circunstancia determina la ilegitimidad de cualquier

---

450 SJP n.° 1 de Palma de Mallorca n.° 336/2014, de 15 de septiembre, FJ 6.

451 STC 104/2011, de 20 de junio, FJ 6.

452 STEDH, Gran Sala, de 15 de octubre de 2015, *Kudrevičius y otros c. Lituania*, § 146 («Cuando las sanciones impuestas a los manifestantes son de carácter penal, requieren una justificación especial»).

pena[453], pues «lo que importa no es tanto la gravedad de la pena impuesta al demandante como el hecho mismo de haber sido condenado penalmente»[454].

En mi opinión, la exclusión de pena por el efecto desaliento depende de la concreta sanción penal que correspondería al comportamiento ilícito si se hubiese producido desconectado del ejercicio de un derecho fundamental. Si en tal caso, la pena a imponer fuese de escasa gravedad —por ejemplo, una pena de multa—, el efecto desaliento podría conllevar la exclusión de toda pena. En cambio, no creo que la conexión del comportamiento antijurídico con el ejercicio de un derecho fundamental impida su castigo cuando encaje en un tipo penal que tenga asignada una pena de mayor gravedad.

Lo que hace el efecto desaliento es disminuir la antijuridicidad del comportamiento objeto de sanción penal. Por ello, en el caso de tipos penales de escasa gravedad, que se sitúan en el umbral de intervención legítima del Derecho penal, entiendo que la conexión del comportamiento con el ejercicio de un derecho fundamental «empuja hacia abajo la pena imponible»[455] hasta el punto de considerar improcedente su imposición. Si es el legislador quien causa el efecto desaliento, describiendo como delito una conducta antijurídica siempre o casi siempre enmarcada en el ámbito material de algún derecho fundamental, cabría plantearse la inconstitucionalidad del propio tipo penal. Si, por el contrario, el vínculo con el ejercicio de un derecho fundamental se da en el caso concreto enjuiciado, entonces es al órgano jurisdiccional a quien le corresponde excluir

---

453 STEDH, Sección 3.ª, de 7 de junio de 2007, *Dupuis y otros c. Francia*, § 48 («La injerencia en la libertad de expresión podría tener un efecto desaliento en el ejercicio de dicha libertad, efecto que el carácter relativamente moderado de una multa no bastaría para que desapareciese»).

454 STEDH, Gran Sala, de 15 de octubre de 2015, *Perinçek c. Suiza*, § 273.

455 CUERDA ARNAU, María Luisa: «Proporcionalidad penal y libertad de expresión: la función dogmática del efecto de desaliento», *Revista General de Derecho Penal*, n.º 8, 2007.

la condena, basándose en la falta de relevancia penal de la conducta sometida a su conocimiento.

En los casos en los cuales el tipo penal posee una mayor gravedad y, en consecuencia, se encuentra castigado con una pena más grave —por ejemplo, pena de prisión—, la apreciación de la eximente incompleta de ejercicio de un derecho me parece la vía más adecuada para tratar los supuestos de efecto desaliento, lo que implica rebajar la correspondiente pena en uno o dos grados (art. 68 CP). Si el tipo penal está castigado con una pena de prisión, dicha atenuación puede llegar a excluir su imposición, sustituyéndose por multa, trabajos en beneficio de la comunidad o localización permanente[456]. El problema se da en aquellos supuestos en que, pese a reducir el marco penal en uno o dos grados, la pena de prisión resultante sigue siendo de una gravedad considerable: en estos casos, la sanción penal iría en contra del principio de proporcionalidad y el precepto que la previese sería inconstitucional por no excluir de su ámbito de aplicación los comportamientos enmarcados en el ámbito material del ejercicio de algún derecho fundamental o, al menos, permitir una atenuación mayor. Por otra parte, cuando el tipo penal tiene asignadas penas alternativas, aplicar la menos grave también puede constituir una solución adecuada para compensar la disminución de la antijuridicidad del comportamiento.

---

456 Art. 71.2 CP: «No obstante, cuando por aplicación de las reglas anteriores proceda imponer una pena de prisión inferior a tres meses, ésta será en todo caso sustituida por multa, trabajos en beneficio de la comunidad, o localización permanente, aunque la ley no prevea estas penas para el delito de que se trate, sustituyéndose cada día de prisión por dos cuotas de multa o por una jornada de trabajo o por un día de localización permanente».

5. PROBLEMAS PRÁCTICOS

5.1. El uso impreciso del término

El término «efecto desaliento» cumple una función propia cuando alude a aquellos supuestos en los que la disuasión del ejercicio legítimo de un derecho fundamental se produce de manera indirecta. Como señala Schauer, «en los casos de prohibición directa, el efecto desaliento no aporta nada al análisis», siendo «una mera perogrullada decir que una norma que castiga inconstitucionalmente las expresiones protegidas también desalienta dichas expresiones»[457].

Sin embargo, en ocasiones, el referido término es utilizado en casos en los que la sanción o medida adoptada por los poderes públicos se aplica como reacción frente a comportamientos enmarcados dentro de los límites de un derecho fundamental. Así sucede, por ejemplo, en la STC 108/2008, de 22 de septiembre, que, pese a considerar que la conducta enjuiciada no excede los límites de la libertad de expresión, señala:

> «Las sentencias impugnadas, al condenar al demandante de amparo, como autor de una falta de injurias del art. 620.2 CP, a la pena de veinte días de multa con una cuota diaria de seis euros, han vulnerado el derecho a la libertad sindical (art. 28.1 CE), en relación con el derecho a la libertad de expresión (art. 20.1.a CE), por tratarse de una reacción innecesaria y desproporcionada, con un efecto disuasorio o desalentador del ejercicio de dichos derechos fundamentales»[458].

En el caso analizado por la citada sentencia, el demandante de amparo, representante sindical en el momento de los hechos, había sido condenado por la emisión de una serie de expresiones ofensivas —«explotador», «compañía de explotación» y «sucia empresa»— referidas a una

---

457 SCHAUER, Frederick: «Fear, Risk and the First Amendment...», ob. cit., pp. 692-693.

458 STC 108/2008, de 22 de septiembre, FJ 6.

empresa y a su administrador, incluidas «en unos comunicados enviados a ciertos clientes de la empresa, donde se daba cuenta de un conflicto existente entre esta y los trabajadores»[459]. El Tribunal Constitucional centró la resolución del recurso de amparo en determinar si la conducta del demandante «se inscribe o no en el lícito ejercicio de las libertades de expresión y de información invocadas por el recurrente»[460], concluyendo:

> «Las expresiones consideradas como injuriosas por los órganos judiciales y que han motivado su condena no pueden apreciarse como gravemente ofensivas o vejatorias, ni, por ello, que hayan trasgredido los límites genéricos de la libertad de expresión. En este caso no hay que olvidar que dichas expresiones se emitieron por un representante sindical en unos comunicados enviados a ciertos clientes de la empresa, donde se daba cuenta de un conflicto existente entre esta y los trabajadores, viniendo a reforzar las pretensiones reivindicativas que se sostenían. Por lo que no puede deducirse que las mismas estuvieran desconectadas de la línea argumental de dichos documentos, siendo afirmaciones meramente gratuitas, apareciendo, por ello, "ajenas al objeto del debate y a la esencia del pensamiento u opinión que se expresa" (STC 174/2006, de 5 de junio, FJ 5), no pudiendo conceptuarse en definitiva como impertinentes o innecesarias para expresar la opinión de que se trataba. Por lo demás, los epítetos empleados, "explotador" y "compañía de explotación", suponen un lenguaje "duro y agresivo", lo que ha llevado a este Tribunal a manifestar en este ámbito de la libertad sindical (así, STC 198/2004, de 15 de noviembre, FJ 7) que "no resulta inhabitual en manifestaciones de esta naturaleza, especialmente en situaciones de tensión y de conflicto", no siendo dichos calificativos formalmente ofensivos o vejatorios, expresivos así del necesario *animus iniuriandi* de quien los utiliza, sino más bien reflejo de un lenguaje que ha venido utilizándose habitualmente en la práctica sindical, utilizado por los trabajadores y sus representantes más contra la empresa como entidad empleadora que

---

459 *Idem.*

460 *Idem.*

> contra alguna persona determinada, que por la propia naturaleza de los conflictos que aquí se dilucidan debe ser tolerable en este ámbito de las relaciones laborales colectivas. Estas consideraciones deben extenderse a la aludida expresión "sucia empresa", que también ha servido para justificar la condena del recurrente por la referida falta de injurias, a lo que debe añadirse que además la utilización de este calificativo supone un claro juego de palabras al dirigirse el mismo precisamente contra una empresa de limpieza»[461].

Si las referidas expresiones se situaban dentro de los márgenes de la libertad de expresión, la condena penal del demandante no resulta problemática por su efecto desaliento, como sostiene la sentencia, sino por proyectarse sobre una conducta amparada en el referido derecho fundamental. Esta diferencia es importante, dado que la imposición de sanciones, ya sean penales o de otra naturaleza, solo tiene cabida en los verdaderos supuestos de efecto desaliento, esto es, cuando se trata de comportamientos que, enmarcados en el ámbito material de un derecho fundamental, traspasan sus límites.

5.2. La conexión del comportamiento antijurídico con el ejercicio legítimo de un derecho fundamental

El efecto desaliento surge cuando una sanción o determinado tipo de sanción «se proyecta sobre conductas demasiado cercanas a lo que constituye el legítimo ejercicio» de un derecho fundamental[462]. La proximidad del comportamiento ilícito con el ejercicio legítimo del correspondiente derecho fundamental es lo que explica el efecto desalentador que puede comportar su castigo. Para que opere la doctrina del efecto desaliento, es necesario, pues, que exista una conexión entre ambos.

---

461 *Idem.*

462 Voto particular de Tomás S. Vives Antón a la STC 79/1995, de 22 de mayo, § 7.

El problema viene a la hora de apreciar esa conexión, una cuestión que depende de la sensibilidad que tenga el órgano jurisdiccional en materia de derechos fundamentales. Por ejemplo, en el caso *Fragoso Dacosta c. España*, analizado en el capítulo anterior, el TEDH concibió la libertad de expresión en términos mucho más amplios que el Tribunal Constitucional, al enmarcar las expresiones ofensivas proferidas contra la bandera de España en el contexto de la protesta laboral en la que tuvieron lugar los hechos, razón por la cual estimó la existencia de un efecto desaliento que había sido negado en la resolución del recurso de amparo[463]. En otras sentencias recientes, el Tribunal Constitucional se ha mostrado igual de poco receptivo con las quejas de vulneración de derechos fundamentales basadas en el efecto desaliento, al rechazar la conexión del comportamiento ilícito con el ejercicio del correspondiente derecho fundamental. De entre todas estas resoluciones, destacan las recaídas en los recursos de amparo contra la sentencia de la Sala Segunda del Tribunal Supremo que condenó a algunos líderes del proceso independentista catalán por delito de sedición[464]. En ellas se niega el efecto desaliento de las sanciones penales impuestas, al considerar que las conductas por la que fueron condenados los demandantes de amparo quedaban al margen del ejercicio de los derechos de reunión y a la libertad de expresión:

> «Tampoco cabe apreciar el denominado "efecto desaliento", bajo el alegato de que las penas impuestas desincentivan el ejercicio de esos derechos. La conducta del recurrente no constituye un mero exceso o extralimitación en el ejercicio de derechos fundamentales pues, como así se recoge en la sentencia, lo que aquel pretendía era neutralizar las decisiones adoptadas por este tribunal y los órganos judiciales sirviéndose de la movilización ciudadana para ese propósito. Por ello, tal conducta queda al margen del ejercicio de los mencionados derechos, de manera que no puede ampa-

463 *Vid.* Capítulo III.

464 STS, Sala Segunda, n.º 459/2019, de 14 de octubre.

> rarse en un eventual "efecto desaliento" para tildar de desproporcionadas las penas impuestas»[465].

La realidad, sin embargo, es que los hechos que, de acuerdo con la sentencia del Tribunal Supremo, determinaron la aplicación del delito de sedición —la obstaculización del desarrollo de la diligencia de entrada y registro que tuvo lugar el 20 de septiembre de 2017 ante la Conselleria de Economía y las acciones encaminadas a evitar el cierre de los centros de votación y la confiscación de las urnas por parte de los agentes policiales acontecidas el 1 de octubre de 2017 durante la celebración del referéndum de autodeterminación— se produjeron en el contexto de unas protestas contra el orden establecido, enmarcándose claramente en el ámbito material del derecho de reunión. Esto no quiere decir que los comportamientos enjuiciados fueran lícitos, sino que el tratamiento de su antijuridicidad, derivada de las alteraciones del orden público que se ocasionaron, exigía «actuar con la máxima cautela», en línea con lo establecido en la jurisprudencia del TEDH. Así lo expresa la sentencia del caso *Taranenko c. Rusia*:

> «A este respecto, el Tribunal recuerda que los Estados contratantes no disponen de un margen de apreciación ilimitado para tomar cualquier medida que consideren apropiada en nombre de la protección del orden público. El Tribunal debe actuar con la máxima cautela cuando las medidas adoptadas o las sanciones impuestas por las autoridades nacionales puedan disuadir a los demandantes y a otras personas de difundir informaciones o ideas que cuestionen el orden establecido»[466].

En esta sentencia, el TEDH consideró que «si bien las exigencias de orden público podrían haber justificado una sanción por las acciones de la demandante» —participa-

---

465 STC 91/2021, de 22 de abril, FJ 11.5.2.3; STC 106/2021, de 11 de mayo, FJ 11.5.2.3, y STC 121/2021, de 2 de junio, FJ 12.5.2.3.

466 STEDH, Sección 1.ª, de 15 de mayo de 2014, *Taranenko c. Rusia*, § 81.

ción en unos disturbios en el interior de un edificio del gobierno ruso en el marco de unas protestas contra el presidente Putin—, la imposición de una pena de prisión de tres años, precedida de un encarcelamiento preventivo de un año, constituyó una «sanción extraordinariamente severa» con «un efecto desaliento sobre la demandante y otras personas que toman parte en acciones de protesta»[467]. En consecuencia, se declaró la existencia de una violación del artículo 10 CEDH, interpretado a la luz del artículo 11[468].

Pues bien, a diferencia de lo que ocurre en la sentencia del caso *Taranenko c. Rusia*, las resoluciones de los recursos de amparo contra la sentencia del *procés* ignoran por completo el contexto reivindicativo en el que se desarrollaron los comportamientos enjuiciados, negando que los disturbios ocasionados los días 20 de septiembre y 1 de octubre de 2017 tuvieran relación alguna con el ejercicio del derecho de reunión o de la libertad de expresión. No apreciándose dicha conexión, el efecto desaliento queda descartado y, por tanto, no puede actuar como factor para valorar la proporcionalidad de las penas impuestas.

---

467 *Ibid.*, § 95.
468 *Ibid.*, § 97.

Jurisprudencia

Tribunal Supremo de Estados Unidos

- Thornhill v. Alabama, 210 U.S. 88 (1940)
- Roth v. United States, 354 U.S. 476 (1957)
- NAACP v. Alabama, 357 U.S. 449 (1958)
- NAACP v. Button, 371 U.S. 415 (1963)
- Gideon v. Wainwright, 372 U.S. 335 (1963)
- Gibson v. Florida Legislative Investigation Committee, 372 U.S. 539 (1963)
- New York Times Co. v. Sullivan, 376 U.S. 254 (1964)
- Cox v. Louisiana, 379 U.S. 536 (1965)
- Freedman v. Maryland, 380 U.S. 51 (1965)
- Dombrowski v. Pfister, 380 U.S. 479 (1965)
- Amalgamated Food Employees Union Local 590 v. Logan Valley Plaza, 391 U.S. 308 (1968)
- Monitor Patriot Co. v. Roy, 401 U.S. 265 (1971)
- Coates v. City of Cincinnati, 402 U.S. 611 (1971)
- Gooding v. Wilson, 405 U.S. 518 (1972)
- Laird v. Tatum, 408 U.S. 1 (1972)
- Roe v. Wade, 410 U.S. 113 (1973)
- Miller v. California, 413 U.S. 15 (1973).
- Broadrick v. Oklahoma, 413 U.S. 601 (1973)
- Spence v. Washington, 418 U.S. 405 (1974)
- Socialist Workers Party v. Attorney General of United States, 419 U.S. 1314 (1974)
- Richmond Newspapers, Inc. v. Virginia, 448 U.S. 555 (1980)
- New York v. Ferber, 458 U.S. 747 (1982)
- City Council of Los Angeles v. Taxpayers for Vincent, 466 U.S. 789 (1984)
- Allen v. Wright, 468 U.S. 737 (1984)
- Philadelphia Newspapers, Inc. v. Hepps, 475 U.S. 767 (1986)
- Meese v. Keene, 481 U.S. 465 (1987)

- United States v. Salerno, 481 U.S. 739 (1987)
- City of Houston v. Hill, 482 U.S. 451 (1987)
- Texas v. Johnson, 491 U.S. 397 (1989)
- United States v. National Treasury Employees Union, 513 U.S. 454 (1995)
- Reno v. American Civil Liberties Union, 521 U.S. 844 (1997)
- Ashcroft v. Free Speech Coalition, 535 U.S. 234 (2002)
- Virginia v. Hicks, 539 U.S. 113 (2003)
- United States v. Williams, 553 U.S. 285 (2008)
- United States v. Stevens, 559 U.S. 460 (2010)
- Clapper v. Amnesty International USA, 568 U.S. 398 (2013)
- Whole Woman's Health v. Jackson, 595 U.S. ___ (2021)
- Dobbs v. Jackson Women's Health Organization, 597 U.S. ___ (2022)
- Counterman v. Colorado, 600 U.S. ___ (2023)

Tribunal Europeo de Derechos Humanos

- STEDH, Pleno, de 8 de junio de 1976, *Engel y otros c. Países Bajos*
- STEDH, Sala, de 25 de marzo de 1985, *Barthold c. Alemania*
- STEDH, Sala, de 22 de febrero de 1989, *Barfod c. Dinamarca*
- STEDH, Sala, de 26 de abril de 1991, *Ezelin c. Francia*
- STEDH, Sala, de 25 de junio de 1992, *Thorgeir Thorgeirson c. Islandia*
- STEDH, Sala, de 20 de septiembre de 1994, *Otto-Preminger-Institut c. Austria*
- STEDH, Gran Sala, de 27 de marzo de 1996, *Goodwin c. Reino Unido*
- STEDH, Gran Sala, de 28 de octubre de 1999, *Wille c. Liechtenstein*
- STEDH, Sección 1.ª, de 2 de octubre de 2001, *Stankov y Organización Macedonia Unida Ilinden c. Bulgaria*
- STEDH, Gran Sala, de 17 de diciembre de 2004, *Cumpănă y Mazăre c. Rumanía*
- STEDH, Sección 1.ª, de 6 de abril de 2006, *Malisiewicz-Gąsior c. Polonia*

- STEDH, Sección 1.ª, de 20 de abril de 2006, *Raichinov c. Bulgaria*
- STEDH, Sección 4.ª, de 20 de marzo de 2007, *Tysiąc c. Polonia*
- STEDH, Sección 4.ª, de 3 de mayo de 2007, *Bączkowski y otros c. Polonia*
- STEDH, Sección 3.ª, de 7 de junio de 2007, *Dupuis y otros c. Francia*
- STEDH, Sección 1.ª de 7 de junio de 2007, *Nurmagomedov c. Rusia*
- STEDH, Sección 4.ª, de 23 de octubre de 2007, *Colibaba c. Moldavia*
- STEDH, Sección 1.ª, de 7 de febrero de 2008, *Mechenkov c. Rusia*
- STEDH, Sección 2.ª, de 8 de julio de 2008, *Vajnai c. Hungría*
- STEDH, Sección 1.ª, de 11 de diciembre de 2008, *Panovits c. Chipre*
- STEDH, Sección 1.ª, de 18 de diciembre de 2008, *Mahmudov y Agazade c. Azerbaiyán*
- STEDH, Sección 1.ª, de 26 de febrero de 2009, *Kudeshkina c. Rusia*
- STEDH, Sección 5.ª, de 5 de marzo de 2009, *Barraco c. Francia*
- STEDH, Sección 2.ª, de 1 de diciembre de 2009, *Karsai c. Hungría*
- STEDH, Sección 4.ª, de 6 de abril de 2010, *Ruokanen y otros c. Finlandia*
- STEDH, Sección 1.ª, de 3 de febrero de 2011, *Igor Kabanov c. Rusia*
- STEDH, Sección 1.ª, de 19 de julio de 2011, *Buldakov c. Rusia*
- STEDH, Sección 4.ª, de 18 de octubre de 2011, *Singartiyski y otros c. Bulgaria*
- STEDH, Sección 2.ª, de 25 de octubre de 2011, *Altuğ Taner Akçam c. Turquía*
- STEDH, Sección 5.ª, de 1 de diciembre de 2011, *Schwabe y M.G. c. Alemania*
- STEDH, Sección 4.ª, de 3 de abril de 2012, *Kaperzyński c. Polonia*
- STEDH, Sección 1.ª, de 11 de diciembre de 2012, *Tangiyev c. Rusia*

- STEDH, Sección 5.ª, de 11 de abril de 2013, *Vyerentsov c. Ucrania*
- STEDH, Sección 2.ª, de 14 de mayo de 2013, *Gross c. Suiza*
- STEDH, Gran Sala, de 21 de octubre de 2013, *Del Río Prada c. España*
- STEDH, Sección 1.ª, de 15 de mayo de 2014, *Taranenko c. Rusia*
- STEDH, Sección 1.ª, de 12 de junio de 2014, *Primov y otros c. Rusia*
- STEDH, Sección 2.ª, de 8 de julio de 2014, *Şık c. Turquía*
- STEDH, Sección 1.ª, de 31 de julio de 2014, *Nemtsov c. Rusia*
- STEDH, Sección 1.ª, de 12 de marzo de 2015, *Kopanitsyn c. Rusia*
- STEDH, Sección 2.ª, de 15 de septiembre de 2015, *Dilipak c. Turquía*
- STEDH, Gran Sala, de 15 de octubre de 2015, *Kudrevičius y otros c. Lituania*
- STEDH, Gran Sala, de 15 de octubre de 2015, *Perinçek c. Suiza*
- STEDH, Sección 1.ª, de 19 de noviembre de 2015, *Mikhaylova c. Rusia*
- STEDH, Sección 5.ª, de 15 de diciembre de 2015, *Bono c. Francia*
- STEDH, Sección 5.ª, de 4 de febrero de 2016, *Hilal Mammadov c. Azerbaiyán*
- STEDH, Sección 3.ª, de 26 de abril de 2016, *Novikova y otros c. Rusia*
- STEDH, Sección 2.ª, de 5 de diciembre de 2017, *Frisk y Jensen c. Dinamarca*
- STEDH, Sección 2.ª, de 20 de marzo de 2018, *Şahin Alpay c. Turquía*
- STEDH, Gran Sala, de 15 de noviembre de 2018, *Navalnyy c. Rusia*
- STEDH, Sección 5.ª, de 10 de enero de 2019, *Khadija Ismayilova c. Azerbaiyán*
- STEDH, Sección 2.ª, de 15 de enero de 2019, *Mătăsaru c. Moldavia*
- STEDH, Sección 1.ª, de 7 de marzo de 2019, *Sallusti c. Italia*
- STEDH, Sección 2.ª, de 12 de marzo de 2019, *Ali Gürbüz c. Turquía*

- STEDH, Sección 3.ª, de 11 de febrero de 2020, *Atamanchuk c. Rusia*
- STEDH, Sección 5.ª, de 25 de junio de 2020, *Bagirov c. Azerbaiyán*
- STEDH, Sección 3.ª, de 7 de julio de 2020, *Rashkin c. Rusia*
- STEDH, Sección 3.ª, de 13 de octubre de 2020, *Zakharov y Varzhabetyan c. Rusia*
- STEDH, Sección 1.ª, de 15 de octubre de 2020, *Guz c. Polonia*
- STEDH, Sección 1.ª, de 5 de noviembre de 2020, *Balaskas c. Grecia*
- STEDH, Sección 3.ª, de 9 de marzo de 2021, *Benítez Moriana e Iñigo Fernández c. España*
- STEDH, Sección 2.ª, de 4 de mayo de 2021, *Akdeniz y otros c. Turquía*
- STEDH, Sección 3.ª, de 11 de mayo de 2021, *Kilin c. Rusia*
- STEDH, Gran Sala, de 5 de abril de 2022, *NIT S.R.L. c. Moldavia*
- STEDH, Sección 5.ª, de 2 de junio de 2022, *Straume c. Letonia*
- STEDH, Sección 3.ª, de 28 de junio de 2022, *M.D. y otros c. España*
- STEDH, Sección 5.ª, de 30 de junio de 2022, *Azadliq y Zayidov c. Azerbaiyán*
- STEDH, Sección 3.ª, de 6 de septiembre de 2022, *Bodalev c. Rusia*
- STEDH, Sección 5.ª, de 8 de junio de 2023, *Fragoso Dacosta c. España*

Tribunal Constitucional

- STC 11/1981, de 8 de abril
- STC 25/1981, de 14 de julio
- STC 12/1982, de 31 de marzo
- STC 99/1983, de 16 de noviembre
- STC 105/1983, de 23 de noviembre
- STC 114/1984, de 29 de noviembre
- STC 53/1985, de 11 de abril
- STC 159/1986, de 16 de diciembre

- STC 85/1988, de 28 de abril
- STC 16/1994, de 20 de enero
- STC 66/1995, de 8 de mayo
- STC 78/1995, de 22 de mayo
- STC 79/1995, de 22 de mayo
- STC 46/1998, de 2 de marzo
- STC 136/1999, de 20 de julio
- STC 110/2000, de 5 de mayo
- STC 297/2000, de 11 de diciembre
- STC 2/2001, de 15 de enero
- STC 69/2001, de 17 de marzo
- STC 189/2001, de 24 de septiembre
- STC 88/2003, de 19 de mayo
- STC 101/2003, de 2 de junio
- STC 185/2003, de 27 de octubre
- STC 111/2004, de 12 de julio
- ATC 377/2004, de 7 de octubre
- STC 108/2008, de 22 de septiembre
- STC 50/2010, de 4 de octubre
- STC 60/2010, de 7 de octubre
- STC 104/2011, de 20 de junio
- STC 6/2020, de 27 de enero
- STC 35/2020, de 25 de febrero
- STC 172/2020, de 19 de noviembre
- STC 190/2020, de 15 de diciembre
- STC 91/2021, de 22 de abril
- STC 106/2021, de 11 de mayo
- STC 121/2021, de 2 de junio
- STC 133/2021, de 24 de junio
- STC 170/2021, de 7 de octubre

Otros órganos jurisdiccionales

- STS, Sala Segunda, n.º 161/2015, de 17 de marzo
- STS, Sala Segunda, n.º 459/2019, de 14 de octubre

- ATS, Sala Segunda, de 21 de enero de 2021 (Rec. 20473/2020)
- ATS, Sala Segunda, n.º 20217/2022, de 18 de marzo
- ATS, Sala Segunda, de 12 de mayo de 2022 (Rec. 20926/2021)
- ATS, Sala Segunda, n.º 20001/2023, de 11 de enero
- SAN, Sala de lo Penal, Sección 1.ª, n.º 31/2014, de 7 de julio
- SJP n.º 1 de Palma de Mallorca n.º 336/2014, de 15 de septiembre

Bibliografía

BEDI, Suneal: «The Myth of the Chilling Effect», *Harvard Journal of Law & Technology*, vol. 35, n.º 1, 2021, pp. 267-307.

CABELLOS ESPIÉRREZ, Miguel Ángel: «¿Un problema de metodología? Las dificultades de la jurisprudencia constitucional para enjuiciar con pautas estables el castigo de formas y discursos potencialmente lesivos de reivindicación, crítica o protesta», *Revista de Derecho Político*, n.º 113, 2022, pp. 13-43.

CANES-WRONE, Brandice, y DORF, Michael C.: «Measuring the Chilling Effect», *New York University Law Review*, vol. 90, 2015, pp. 1095-1114.

CARDENAL MONTRAVETA, Sergi: «Expresiones, prohibiciones y penas», *Revista Electrónica de Ciencia Penal y Criminología*, n.º 24-13, 2022, pp. 1-27.

CHYBALSKI, Piotr: «"Chilling Effect" in the Judicial Decisions of the Polish Constitutional Tribunal as an Example of Legal Transplant», *Review of European and Comparative Law*, vol. 48, n.º 1, 2022, pp. 209-234.

COENEN, Michael: «Of Speech and Sanctions: Toward a Penalty-Sensitive Approach to the First Amendment», *Columbia Law Review*, vol. 112, n.º 5, 2012, pp. 991-1054.

CORRECHER MIRA, Jorge: «Discurso del odio y minorías: redefiniendo la libertad de expresión», *Teoría & Derecho*, n.º 28, 2020, pp. 166-191.

CUERDA ARNAU, María Luisa: «Proporcionalidad penal y libertad de expresión: la función dogmática del efecto de desaliento», *Revista General de Derecho Penal*, n.º 8, 2007.

CUERDA ARNAU, María Luisa: «Una reforma autoritaria del delito de atentado», en BACIGALUPO SAGGESE, Silvina; FEIJOO SÁNCHEZ, Bernardo, y ECHANO BASALDUA, Juan Ignacio (coords.): *Estudios de Derecho penal. Homenaje al Profesor Miguel Bajo*, Centro de Estudios Ramón Areces, Madrid, 2016, pp. 817-832.

CUERDA ARNAU, María Luisa: «La doctrina del efecto de desaliento en la jurisprudencia del Tribunal Constitucional español. Origen, desarrollo y decadencia», *InDret*, n.º 2, 2022, pp. 88-131.

CUERDA RIEZU, Antonio: «Proporcionalidad, efecto desaliento y algunos silencios en la Sentencia del Tribunal Constitucional 136/1999, que otorgó el amparo a los dirigentes de Herri Batasuna», en DÍEZ RIPOLLÉS, José Luis; ROMEO CASABONA, Carlos María; GRACIA MARTÍN, Luis, e HIGUERA GUIMERÁ, Juan Felipe (Eds.): *La ciencia del Derecho penal ante el nuevo siglo. Libro homenaje al Profesor Doctor Don José Cerezo Mir*, Tecnos, Madrid, 2002, pp. 237-255.

DE DOMINGO PÉREZ, Tomás: «La argumentación jurídica en el ámbito de los derechos fundamentales: en torno al denominado "chilling effect" o "efecto desaliento"», *Revista de Estudios Políticos*, n.º 122, 2003, pp. 141-166.

DECKER, John F.: «Overbreadth outside the First Amendment», *New Mexico Law Review*, vol. 34, 2004, pp. 53-107.

EBERSBACH, Kurt D.: «Women's Medical Professional Corp. v. Voinovich: Applying Overbreadth Analysis to Post-Viability Abortion Regulations», *Georgia Law Review*, vol. 30, 1996, pp. 1151-1181.

EVANS, Jeremy A. M.: «Speech, Spouses, and Standing: Is There Standing to Sue When Sanctions Threatened Against One's Spouse Chill Protected Expression?», *Boston College Law Review*, vol. 45, 2003, pp. 147-171.

FALLON, Richard J.: «Making Sense of Overbreadth», *The Yale Law Journal*, vol. 100, 1991, pp. 853-908.

FEE, John: «The Freedom of Speech-Conduct», *Kentucky Law Journal*, vol. 109, 2020-2021, pp. 81-126.

FISS, Owen: «El efecto silenciador de la libertad de expresión», *Isonomía*, n.º 4, 1996, pp. 17-27.

GOURDIE, Hannah R.: «The Guiding Hand of Counsel, for a Price: Juvenile Public Defender Fees and Their Effects», *William & Mary Law Review*, vol. 62, 2021, pp. 999-1040.

KENDRICK, Leslie: «Speech, Intent, and the Chilling Effect», *William & Mary Law Review*, vol. 54, 2013, pp. 1633-1691.

KINSLEY, Jennifer M.: «Chill», *Loyola University Chicago Law Journal*, vol. 48, 2016, pp. 253-290.

LASCURAÍN SÁNCHEZ, Juan Antonio: «Todo a la vez: la limitación de la expresión y la desprotección del honor», *Revista Jurídica de la Universidad Autónoma de Madrid*, n.º 36, 2017, pp. 119-134.

LETTUNICH, Martin N.: «Does Parental Liability for Legal Fees Infringe Upon a Juvenile's Constitutional Rights», *Santa Clara Lawyer*, vol. 10, 1970, pp. 347-359.

LOPERA MESA, Gloria Patricia: *Principio de proporcionalidad y ley penal*, Centro de Estudios Políticos y Constitucionales, Madrid, 2006.

MARTÍNEZ-PUJALTE, Antonio-Luis: «Ámbito material de los derechos fundamentales, dimensión institucional y principio de proporcionalidad», *Persona y Derecho*, n.º 54, 2006, pp. 75-116.

MASSARO, Toni M.: «Chilling Rights», *University of Colorado Law Review*, vol. 88, 2017, pp. 33-95.

MICHELMAN, Scott: «Who Can Sue Over Government Surveillance?», *UCLA Law Review*, vol. 57, 2009, pp. 71-114.

MIR PUIG, Santiago: «Principio de proporcionalidad y fines del Derecho Penal», en ECHANO BASALDÚA, Juan I. (coord.): *Estudios Jurídicos en Memoria de José María Lidón*, Universidad de Deusto, Bilbao, 2002, pp. 349-366.

NAVARRO FRÍAS, Irene: «El principio de proporcionalidad en sentido estricto: ¿principio de proporcionalidad entre el delito y la pena o balance global de costes y beneficios?», *InDret*, n.º 2, 2010.

PAREDES CASTAÑÓN, José Manuel: «Tipicidad y atipicidad en el delito de coacciones a parlamentarios (art. 498 CP): comentario sobre el caso "*Aturem el Parlament*"», en BACIGALUPO SAGGESE, Silvina; FEIJOO SÁNCHEZ, Bernardo José, y ECHANO BASALDUA, José Ignacio (coords.): *Estudios de Derecho penal (homenaje al profesor Miguel Bajo)*, Editorial Universitaria Ramón Areces, Madrid, 2016, pp. 1233-1256.

POMERANTZ NICKERSON, Amy: «Coercive Discovery and the First Amendment: Towards a Heightened Discoverability Standard», *UCLA Law Review*, vol. 57, 2010, pp. 841-895.

PORTILLA CONTRERAS, Guillermo: «La contrarrevolución preventiva emprendida por el Derecho penal y administrativo para hacer frente a los movimientos de protesta y desobediencia civil», en CUERDA ARNAU, María Luisa, y GARCÍA AMADO, Juan Antonio (Dirs.): *Protección jurídica del orden público, la paz pública y la seguridad ciudadana*, Tirant lo Blanch, Valencia, 2016, pp. 63-82.

PRIETO SANCHÍS, Luis: «El constitucionalismo de los derechos», *Revista Española de Derecho Constitucional*, año 24, n.º 71, 2004, pp. 47-72.

RODRÍGUEZ MONTAÑÉS, Teresa: *Libertad de expresión, discurso extremo y delito. Una aproximación desde la Constitución a las fronteras del derecho penal*, Tirant lo Blanch, Valencia, 2012.

RUIZ SANZ, Mario: «El mito de la justicia: entre dioses y humanos», *Cuadernos Electrónicos de Filosofía del Derecho*, n.º 11, 2005.

SCHAUER, Frederick: «Fear, Risk and the First Amendment: Unraveling the Chilling Effect», *Boston University Law Review*, vol. 58, 1978, pp. 685-732.

SEDLER, Robert Allen: «The First Amendment in Theory and Practice», *The Yale Law Journal*, vol. 80, 1971, pp. 1070-1091.

SIEGEL, Jonathan R.: «Chilling Injuries as a Basis for Standing», *The Yale Law Journal*, vol. 98, 1989, pp. 905-924.

SOLOVE, Daniel J.: «The First Amendment as Criminal Procedure», *New York University Law Review*, vol. 82, 2007, pp. 112-176.

VIVES ANTÓN, Tomás S.: *Libertad de prensa y responsabilidad criminal*, Instituto de Criminología de la Universidad Complutense de Madrid, 1977.

VIVES ANTÓN, Tomás S.: «Sentido y límites de la libertad de expresión», en V IVES ANTÓN, Tomás S.: *La libertad como pretexto*, Tirant lo Blanch, Valencia, 1995, pp. 367-371.

WASSERMAN, Matthew A.: «First Amendment Limitations on Police Surveillance: The Case of Muslim Surveillance Program», *New York University Law Review*, vol. 90, 2015, pp. 1786-1826.

WRIGHT, R. George: «The Problems of Overbreadth and What to Do About Them», *Houston Law Review*, vol. 60, 2023, pp. 1115-1142.